MALLORCA

Bernhard Irlinger

Mit Tourenkarten zum Heraustrennen

BRUCKMANN

DER AUTOR
Bernhard Irlinger arbeitet als freier Journalist. Neben ausgiebigen sportlichen Betätigungen in der freien Natur gilt sein besonderes Interesse der Kultur und Geschichte Europas. In der Reihe »Wandern kompakt« hat er bisher die Bände »Allgäu« und »Schottland« veröffentlicht. Außerdem liegen die Radführer Oberbayern, Irland, Toskana und Donauradweg vor.

www.bruckmann.de
www.bergsteiger.de

Lektorat: Barbara Locher, Extratour Neuenbürg
Layout: Werner Kopp, Hebertshausen
Repro: Scanner Service S.r.l.
Kartografie: Heidi Schmalfuß, München
Herstellung: Thomas Fischer

Bruckmann Verlag
Lektorat
Innsbrucker Ring 15
D-81673 München
E-Mail: lektorat@bruckmann.de

Titelfofo: Im Bergland der Serra Tramuntana (Foto von Bernhard Irlinger)
Bildnachweis: Alle Fotos im Innenteil und auf der Umschlagvorderseite vom Autor Bernhard Irlinger.

Die Deutsche Bibliothek – CIP-Einheitsaufnahme
Ein Titeldatensatz für diese Publikation ist bei der Deutschen Bibliothek erhältlich.

Printed in Italy by Printer Trento
ISBN 3-7654-3922-3

PIKTOGRAMME ERLEICHTERN DEN ÜBERBLICK:

Schwierigkeitsgrad:

○	leicht		Weglänge
◐	mittel		Gehzeit
●	anspruchsvoll	☺	kindgerecht

Zeichenerklärung zu den Tourenkarten

- Autobahn
- Bundesstraße
- Hauptstraße
- Normale Straße
- Nebenstraße
- Weg
- Bahnlinie mit Bahnhof
- Wandertour
- Tourenvariante
- Fernwanderweg
- A E Ausgangs-/ Endpunkt der Tour
- Richtungspfeil
- Stufen
- Gipfel
- Pass
- Tunnel
- Quelle
- Wasserfall
- Seilbahn
- P P+R Parkmöglichkeit
- H Bushaltestelle
- Bahnhof
- Hafen
- Flugplatz
- Information
- Krankenhaus
- F Feuerwehr
- N 0 1km Maßstabsleiste (1:100 000)

- Kirche/ Kloster
- Burg/ Schloss/ Ruine
- Turm
- Leuchtturm
- Schutzhütte
- Jugendherberge
- Campingplatz
- Übernachtungsmögl.
- Einkehrmöglichkeit
- Rastplatz
- Höhle/ Grotte
- Bademöglichkeit
- Therme
- Mühle
- Windmühle
- Museum
- Prähist. Fundstelle
- Denkmal
- Bildstock
- Markanter Baum
- Landschaftl. Höhepunkt
- Sehenswert
- *Palma* Sehenswerter Ort
- Aussichtsstelle
- Weinanbau
- Moorgebiet
- Waldgebiet
- NSG Naturschutzgebiet
- Landesgrenze
- Randhinweispfeil

Vor der Westspitze Mallorcas liegt die felsige Insel Dragonera (Tour 1).

Inhalt

Alte Pflasterwege führen durch die mediterrane Landschaft Mallorcas.

Die romantischen Buchten bleiben Wanderern und Seglern vorbehalten.

Trauminsel Mallorca

Kräftig hat Mallorca, die meistbesuchte Mittelmeerinsel, in den letzten Jahren an ihrem Image gearbeitet. Lange wurde sie verächtlich als Putzfraueninsel und Teutonengrill für Ballermänner abqualifiziert. Doch die Auswüchse des Massentourismus waren schon immer auf wenige, eng begrenzte Gebiete beschränkt und wurden in den letzten Jahren durch Maßnahmen der Provinzregierung mehr und mehr eingedämmt.

Von Jahr zu Jahr entdecken nun immer mehr Sport- und Naturfreunde, dass Mallorca berauschend schöne Landschaften und eine reiche Kultur zu bieten hat. Bewegt man sich abseits der Touristenhochburgen, ist man schnell vom milden Licht und dem mediterranen Flair der Insel gefangen.

Über alten Städten, malerischen Dörfern und trutzigen Fincas ragen markante Berge auf. Entlegene Türme wachen seit Jahrhunderten über einsamen Küsten und Stränden und Eremitenklöster verstecken sich in abgelegenen Hochtälern. Vorbei an Olivenhainen, Mandelbäumen oder Zitrusplantagen führen alte, steingepflasterte Wege hinauf in das wilde Bergland der Serra de Tramuntana, das den gesamten nordwestlichen Teil der Insel einnimmt. Hier erwarten den Bergsteiger Touren mit alpinem Char-

akter, die durch bizarr verwitterte Karstlandschaften und tief eingeschnittene Schluchten zu herrlichen Aussichtspunkten führen. Fast immer bleibt der blaue Saum des Meeres im Blick und bei klarem Himmel reicht die Sicht über einen Großteil der Insel und hinüber zu den Nachbarinseln Ibiza und Menorca.
Wer Mallorca lediglich mit dem Auto erkundet, der wird nie vollkommen die Alltagshektik ablegen und oftmals an den Schönheiten dieser Insel vorbeifahren. Wer sich jedoch zu Fuß auf den Weg macht, dem wird Mallorca seinen ganzen Reiz offenbaren und der wird wiederkommen wollen zu den Bergen und Tälern im flirrenden Licht und zu den einsamen, smaragdgrünen Buchten.

Sandstrände und Felsberge

Mallorca ist mit einer Fläche von 3640 Quadratkilometern die weitaus größte Insel der Balearen und die sechstgrößte im gesamten Mittelmeerraum. Von der westlichsten zur östlichsten Spitze Mallorcas beträgt die Entfernung ca. 100 Kilometer, von Nord nach Süd ca. 80 Kilometer. Bei einer Küstenlänge von

Die Platja de Coll Baix bietet ein verlockendes Wanderziel (Tour 24).

ca. 550 Kilometern findet man abseits der Touristenzentren viele einsame Klippenlandschaften und Strände. Seit 1983 bilden die Balearen eine der 17 teilautonomen Regionen Spaniens. Palma ist Sitz des Parlaments und der Regierung der »Comunitat Autónoma Illes Balears«. Amtssprache ist neben *castellano* (Kastilisch, »Hochspanisch«) *català* (Katalanisch) bzw. dessen örtlicher Dialekt *mallorqui*.

Geologisch gesehen stellen Mallorca und die anderen Baleareninseln die Fortsetzung des andalusischen Gebirgszuges dar, der wie Pyrenäen und Alpen seit dem Tertiär durch den von Süden auf Europa drückenden afrikanischen Kontinent aufgefaltet wurde. Kalkgesteine, die vor ca. 150 Millionen Jahren im Jurameer abgelagert wurden, bilden einen Großteil der Inselfläche. Diese wasserlöslichen Gesteine verwittern zu bizarr anmutenden

Das harmlose Waldgebirge bei Bunyola bricht nach Norden mit senkrechten Wänden ab (Tour 7).

Karstlandschaften, die das Regenwasser mit zahllosen Höhlen durchlöchert hat. Einige der schönsten Tropfsteinhöhlen wurden für Besucher erschlossen. Wegen der langen regenlosen Zeit im Sommer und aufgrund des verkarsteten Untergrundes besitzt Mallorca keinen einzigen Fluss. Doch nach Regenfällen toben durch die »Torrents« genannten Trockentäler reißende Sturzbäche und verwandeln die bei gutem Wetter begehbaren Schluchten in ausweglose Fallen.

Seit der Zeit der Mauren ist das Tal von Sóller das wichtigste Anbaugebiet von Zitrusfrüchten.

Nahezu die gesamte Nordwestküste zwischen Sant Elm im Westen und dem Cap de Formentor im Osten ist nur schwer zugänglich. Hier wächst in steilen Klippen das unwegsame Bergland der Serra de Tramuntana aus dem Meer, das das bevorzugte Reiseziel für alle Wanderer und Naturliebhaber darstellt. Der Puig Major, mit 1447 Metern der höchste Berg auf Mallorca, ragt nur vier Kilometer von der Küste entfernt auf. Diese gewaltigen Höhenunterschiede auf kurzer Distanz geben den Bergen der Serra de Tramuntana, von denen noch ca. 40 weitere die 1000-Meter-Marke übertreffen, ihre alpine Note.

Tief eingeschnittene, teils unzugängliche Schluchten und die bizarren Karstformen des Kalkgesteins tragen zusätzlich zum wilden Eindruck jener Berge bei. Im Osten versinkt dieser Gebirgs-

zug in den lang gestreckten, von wilden Felsbergen beherrschten Halbinseln Formentor und La Victòria, die die Bucht von Pollença einschließen. Zwischen Pollença und dem weiten, fruchtbaren Tal von Sóller liegt der höchste und wildeste Teil der Serra de Tramuntana.
Die halsbrecherische Straße zur Bucht von Sa Calobra stellt in diesem Bereich den einzigen Zugang zur Küste her, die im Übrigen nahezu unzugänglich ist. Westlich von Sóller nehmen die Gipfelhöhen allmählich ab, ehe das Gebirge in einer Vielzahl von Buchten, in denen begehrte Urlaubssiedlungen und Jachthäfen entstanden sind, im Meer versinkt.
Dieser Bereich der Serra de Tramuntana zeigt sich grüner und fruchtbarer. Eine Straße folgt hier der bewaldeten Küstenlinie und verbindet die Dörfer, die malerisch inmitten alter Terrassenfelder über dem Meer kleben.
Nach Südosten fällt die Serra de Tramuntana unvermittelt zur großen, »Es Plà« genannten Zentralebene ab, die nur von wenigen isolierten Hügelkämmen überragt wird. Ein Großteil der ca. 700 000 Einwohner Mallorcas lebt in dieser Kornkammer der Insel, in der Reis ebenso gedeiht wie Wein oder Mandelbäume. Die Serra de Tramuntana schützt die Ebene vor den Nordwinden und dient als Wasserlieferant.
Im Westen der Ebene liegt mit Palma das wirtschaftliche und kulturelle Zentrum der Insel, in dem sich etwa die Hälfte der Inselbevölkerung konzentriert. Die weiten Buchten bei Palma im Westen und bei Alcúdia im Osten bieten mit ihren langen Sandstränden die günstigsten Voraussetzungen für den Massentourismus. Im Süden nahe Colònia St. Jordi und rund um Alcúdia gibt sumpfiges Marschland zahlreichen Vogelarten eine Heimat.
Über der Ostküste schwingt sich Mallorca in der Serra de Llevant nochmals bis zu Höhen über 500 Meter auf. Das Bergland nördlich Artà ist nahezu menschenleer und wurde zum Naturschutzgebiet erklärt. Die felsige Küste im Osten wird durch zahlreiche tief eingeschnittene Buchten gegliedert, in denen sich kleine Sandstrände verstecken. Diese »Calas« sind alte Flusstäler, die durch den Anstieg des Meeresspiegels am Ende der Eiszeit im Wasser versunken sind. In vielen der malerischen Buchten sind beliebte Touristenzentren entstanden.

Top-Ten-Wanderungen

▶ **Von Sant Elm nach Sa Trapa**
Atemberaubende Blicke auf die Insel Dragonera an der Westspitze von Mallorca (Tour 1)

▶ **In den Bergen über Valldemossa**
Die Berge über dem viel besuchten Dorf bieten beeindruckende Blicke in die Tiefe (Tour 5)

▶ **Auf den Burgberg von Alaró**
Im Mittelalter wurde der steilwandige Plateauberg zur Festung ausgebaut (Tour 8)

▶ **Wanderung zur Cala Tuent**
Entlang der traumhaften Nordküste zur Badebucht Cala Tuent (Tour 11)

▶ **Durch den Barranc de Biniaraix**
Auf renoviertem Pilgerweg durch eine wilde Schlucht hinab zu den Gärten von Sóller (Tour 12)

▶ **Durch den Torrent de Pareis**
Eindrucksvolle Tour für erfahrene Bergsteiger durch die mächtigste Schlucht Mallorcas (Tour 15)

▶ **Auf die Massanella**
Vom höchsten Wandergipfel auf Mallorca überblickt man weite Teile der Insel (Tour 16)

▶ **Rund um den Puig Roig**
Aussichtsreiche Sonntagstour durch das Reich der Mönchsgeier (Tour 19)

▶ **Zur Penya Rotja und zur Talaia d'Alcúdia**
Atemberaubende Wege und eindrucksvolle Tiefblicke auf der Halbinsel von Alcúdia (Touren 23 und 24)

▶ **Am Torre d'Albarca**
Ein alter Wachturm und einsame Traumstrände an der Ostküste Mallorcas (Tour 28)

Flora und Fauna

Mandelbaum und Zwergpalme

Zum Zauber Mallorcas tragen entscheidend die zahlreichen hier heimischen Natur- und Kulturpflanzen bei, die vor allem in den ersten Monaten des Jahres die Insel mit einem Blütenteppich überziehen. Große Teile der Insel nehmen die Kulturpflanzen ein, die von Griechen, Römern und Mauren auf der Insel eingeführt wurden.

Schon im Januar und Februar blühen Millionen von Mandelbäumen und verwandeln die Insel in ein weißes Blütenmeer. Vor allem im Talbecken von Sóller reifen im Frühjahr die farbenfrohen Zitrusfrüchte und das ganze Jahr über faszinieren die knorrigen Ölbäume, deren Blätter metallisch im Sonnenlicht schimmern. Feigenbäume, Johannisbrotbäume mit den typischen Schotenfrüchten und Feigenkakteen mit ihren süßen, von lästigen Stacheln geschützten Früchten runden das Bild eines mediterranen Garten Eden ab.

Die Naturwälder, die einstmals große Teile der Insel bedeckten, beschränken sich heute weitestgehend auf wenig fruchtbare und schlecht zugängliche Gebiete. Waren einstmals die Ausweitung landwirtschaftlicher Anbauflächen, der Verbiss durch Ziegenherden und Abholzung für den Schiffbau die größten Feinde des Waldes, so stellen heute Waldbrände die größte Bedrohung dar.

Nach einem Fischzug im kristallklaren Wasser lässt ein Kormoran sein Gefieder trocknen.

Je nach Standort bedecken vor allem die mächtigen Aleppokiefern oder immergrüne Steineichen die Küstenregionen und Berghänge. In den Steineichenwäldern trifft man immer wieder auf die Spuren der Köhler, die früher ihrer harten und wenig einträglichen Arbeit nachgingen.
Häufig findet man in der Nähe der flachen, kreisrunden Plätze, auf denen sie ihre Kohlenmeiler errichteten, tiefe Kalköfen, in denen sie mit der gewonnenen Holzkohle aus den Felsen den wichtigen Baustoff Kalk brannten. Wie in anderen Regionen am Mittelmeer erobern auch auf Mallorca typische Pflanzengesellschaften die von Wald entblößten Gebiete, da der einmal vernichtete Wald auf dem Felsuntergrund nicht mehr Fuß fassen kann.
Mehrere Meter hoch wachsen die Hartlaubbüsche der oftmals undurchdringlichen Macchia. Hier findet man den Erdbeerbaum, Wacholder, Mastixsträucher oder Zwergpalmen, die einzige Palmenart mit natürlichen Vorkommen in Europa. Wo sogar die Macchia durch Brände und Überweidung zerstört wurde, wachsen die anspruchslosen Pflanzen der Garriga. Neben niedrigen Dornsträuchern verströmen hier mediterrane Kräuter wie Lavendel, Rosmarin und Thymian ihren Duft und im Frühjahr blüht eine Vielzahl unterschiedlicher Orchideenarten.

Das Frühjahr ist auf Mallorca die Zeit der intensiven Farben.

Mönchsgeier und Ginsterkatze

Die Artenvielfalt der mallorquinischen Vogelwelt lockt alljährlich viele meist britische Vogelfreunde auf die Insel, die mit Kamera und Fernglas auf die Jagd gehen. Zum Symbol für den Naturschutz wurde der mächtige Mönchsgeier, der größte europäische Greifvogel. Er zieht nach entsprechenden Schutzmaßnahmen heute wieder öfter seine Kreise am Himmel über der nördlichen Serra de Tramuntana.
Daneben sind noch unzählige weitere Vogelarten auf Mallorca heimisch und viele Zugvögel nutzen die Insel als Rastplatz auf

Halbwilde Ziegen durchstreifen auf der Suche nach Futter die Bergwelt Mallorcas.

ihrer Wanderung von Europa nach Afrika oder überwintern auf Mallorca. Besonders schöne Beobachtungen lassen sich in den Sümpfen des Naturparks S'Albufera südlich von Alcúdia machen, in dem Watvögel wie Flamingos, Reiher und Störche auf Beutefang gehen.

Wie in allen Mittelmeerregionen sind auch auf Mallorca die Reptilien reichlich vertreten. Allgegenwärtig sind die verschiedenen Eidechsenarten und die Geckos, die mit ihren Saugfüßen senkrechte Wände emporklettern. Mit etwas Glück lassen sich Sumpf- und Landschildkröten beobachten. Vor den heimischen Schlangenarten muss man sich nicht fürchten, da keine giftig ist. Eine Begegnung mit den kleinen Skorpionen kann dagegen mit einem schmerzhaften Stich enden. Wappnen sollte man sich vor allem im Tiefland und nahe der Küste gegen die unvermeidlichen Mücken. Südlichen Flair verbreiten Grillen und Zikaden mit ihrem lauten Konzert, während die Gottesanbeterin in stiller Lauerposition auf ein Opfer wartet. Nur wenige Säugetierarten wie Hasen, Kaninchen und verwilderte Ziegen bereichern die Fauna Mallorcas. Erwähnenswert sind vor allem die bis zu einen Meter langen Ginsterkatzen. Doch nur die wenigsten werden das Glück haben, eines dieser scheuen nachtaktiven Tiere beobachten zu können.

Geschichte

Römer, Mauren, Christen

▶ *Erste Siedler:* Ca. 6000 v. Chr. setzten jungsteinzeitliche Höhlenbewohner von Südfrankreich nach Mallorca über. Im 2. Jahrtausend vor Christus erlernten die Menschen den Gebrauch des neuen Werkstoffs Bronze und errichteten vor allem auf Menorca mächtige Grabbauten, die »Navetas«. Ab dem 13. vorchristlichen Jahrhundert erbauten sie mächtige, burgartige Türme, die »Talayots«, deren Zweck bis heute umstritten ist. Um 1000 vor Christus begannen die Menschen der so genannten Talayotkultur, befestigte Siedlungen zu errichten.

Die Festungsanlage auf dem Puig d'Alaró war im Mittelalter heftig umkämpft (Tour 8).

▶ *Karthager, Griechen, Römer:* Nachdem 654 v. Chr. die Karthager auf Ibiza eine Niederlassung gründeten, kam Mallorca mehr und mehr unter ihren Einfluss. Auch die Griechen fassten auf der Insel Fuß und hinterließen ihre Spuren. Nach der Niederlage Karthagos gegen die Römer entstand ein Machtvakuum, das sich von den Balearen aus operierende Piraten zu Nutze machten. Als die Römer 123 v. Chr. Mallorca eroberten, machten sie dieser Bedrohung ein Ende. Sie gründeten die Städte Palma und Pollentia (Alcúdia), bauten Straßen und Häfen, machten Wein und Ölbaum heimisch und bescherten der Insel eine erste Blütezeit. Auch die Anfänge der Christianisierung liegen in dieser Zeit.

Das Bergkloster Lluc ist seit dem Mittelalter geistliches und geistiges Zentrum von Mallorca (Tour 17).

▶ *Vandalen und Byzantiner:* Die römische Glanzzeit auf Mallorca endete, als Mitte des 5. Jahrhunderts die Vandalen die Insel eroberten und alles Römische gründlich zerstörten. 534 schlugen byzantinische Truppen in Nordafrika die Vandalen vernichtend. Mallorca wurde Teil des oströmischen Kaiserreiches, doch das weit entfernte Byzanz konnte den Balearen, die unter ständigen Piratenüberfällen litten, kaum Schutz gewähren.

▶ *Mauren:* Im Jahre 902 eroberten die arabischen Mauren die Balearen und führten sie in eine zweite Blütezeit. Sie erbauten Städte, Burgen und Moscheen und gründeten Bibliotheken als Orte der Gelehrsamkeit. Durch den Ausbau der Bewässerungssysteme und die Einfuhr neuer Nutzpflanzen wie Reis, Mandeln und Zitrusfrüchte erlebte die Landwirtschaft einen ungeahnten Aufschwung.

▶ *Die christliche Rückeroberung (Reconquista):* Nachdem christliche Herrscher schon große Teile des spanischen Festlandes von den Mauren erobert hatten, besetzte ab 1229 Jaume I., König von Katalonien und Aragón, Mallorca. Die neuen Herren tilgten alle Erinnerungen an die 300-jährige maurische Herrschaft. 1276 erbte Jaume II. die Inseln und rief das Königreich Mallorca aus, das in der Folgezeit einen kulturellen und wirtschaftlichen Aufschwung erlebte.

Palma wurde zur wichtigen Mittelmeermetropole und mallorquinische Seefahrer und Kartografen genossen einen hervorragenden Ruf.

Ein Brunnen versorgte die Wallfahrer auf dem Puig d'Alaró mit Wasser.

▶ *Zeiten des Niedergangs:* 1349 eroberte Pere III. von Aragon Mallorca. 1469 wurde die Insel durch die Heirat von Ferdinand II. von Aragón mit Isabella von Kastilien Teil des neuen spanischen Großreiches. Mallorca wurde immer mehr zur unbedeutenden Randprovinz, die durch Steuern ausgezehrt und durch Aufstände der verarmten Bevölkerung und durch die Pest ausgeblutet wurde. Inquisition und Judenpogrome forderten ihren Blutzoll, durch die Entdeckung Amerikas geriet die Insel verstärkt ins handelspolitische Abseits und wieder war man fast schutzlos den Überfällen von Piraten ausgeliefert.

Im Spanischen Erbfolgekrieg von 1701 bis 1714 unterstützte Mallorca die falsche Seite und sah sich nach dem Sieg der Bourbonen über die Habsburger weiter Repressalien ausgesetzt. Die Verwaltung wurde nun zentralistisch von Madrid aus gesteuert und die katalanische Sprache (mallorquí) verboten. Trotz Förderung der Landwirtschaft führte vom 19. bis weit in das 20. Jahrhundert die Verarmung weiter Teile der Bevölkerung zu Landflucht und Auswanderung. Den einzigen Hoffnungsschimmer brachte der Mitte des 19. Jahrhunderts zaghaft beginnende Tourismus.

▶ *Aufschwung und Diktatur:* Während des Ersten Weltkrieges blieb Spanien neutral und in der Zwischenkriegszeit sorgten bessere Fährverbindungen und erste Hotelkomplexe für einen Anstieg der Touristenzahlen.

1936 bis 1939 tobte der spanische Bürgerkrieg, in dem die konservative Mehrheit der mallorquinischen Bevölkerung trotz seiner zentralistischen Politik den rechtsextremistischen General Franco unterstützte. Auch auf Mallorca kam es während der nur kurzen Kämpfe zu Gräueltaten an Andersdenkenden. Unter Franco wurde jede Regung kultureller Eigenständigkeit auf den Balearen unterdrückt und die heimische Sprache, das Mallorquí, verboten.

Mitte der 1950er-Jahre wurde der Flughafen von Palma und in der Folge zahlreiche Hotelanlagen erbaut. Der Massentourismus hielt Einzug, Jahr für Jahr wurden neue Besucherrekorde gefeiert.

▶ *Neue Freiheit und alte Probleme*: Im Jahre 1975 endete mit dem Tod Francos die Diktatur in Spanien. 1977 fanden auf Mallorca die ersten freien Wahlen statt und 1983 erhielten die Balearen wie viele andere Teile Spaniens den Status einer autonomen Region. Seither erleben die mallorquinische Sprache und Kultur eine ungeahnte Renaissance. Der ungehemmte Massentourismus, der bis in die 90er-Jahre des 20. Jahrhunderts seine teils bizarren Blüten trieb, drohte mehr und mehr die Grundlagen für die Beliebtheit der Insel zu gefährden. In den letzten Jahren setzte die Inselregierung daher konsequent auf Maßnahmen, die dem entgegenwirken. Die wilde Bauwut wurde gestoppt und man geht daran, die schlimmsten Bausünden zu beseitigen. In den schönsten Regionen werden mehr und mehr Schutzgebiete ausgewiesen und die Tourismusförderung setzt vor allem auf Sport-, Erlebnis- und Kultururlaub. Wanderer, die ihr Urlaubsvergnügen abseits des Tourismusrummels suchen, sind auf Mallorca willkommen.

Wander- und Reiseinfos

Die ruhige Nebensaison ist die beste Zeit für Wanderungen.

Anreise

▶ *Mit Zug oder eigenem Fahrzeug* reist man aus Mitteleuropa am besten über den Fährhafen Barcelona an, von dem mehrmals täglich Fährschiffe unterschiedlicher Linien nach Mallorca übersetzen. Für die Zeit raubende Anreise muss man allerdings für Hin- und Rückfahrt jeweils ca. zwei Urlaubstage opfern und der Preisvorteil gegenüber einem Flug mit zusätzlichem Mietauto auf Mallorca ist relativ gering.

▶ *Die schnellste und bequemste Anreise* bietet das Flugzeug. Von allen größeren Flughäfen im deutschsprachigen Raum wird der Flughafen in Palma regelmäßig, oft mehrmals täglich, angeflogen. Die starke Konkurrenz der verschiedenen Fluglinien hat die Preise purzeln lassen. Ein Preisvergleich im Reisebüro oder Internet kann sich also lohnen.

Sehr interessante Angebote findet man bei Anbietern von Pauschalreisen. Für Wanderer kann sich zum Beispiel die Buchung von Flug und Hotel (z. B. im zentral gelegenen Sóller) oder von Flug und Leihwagen lohnen.

Auskunft

Spanisches Fremdenverkehrsamt

▶ *Deutschland:* Serviceleitung für Anforderung von Informationsmaterial: Tel. 061 23/991 34.

▶ *Österreich:* Walfischgasse 7/14, A-1010 Wien, Tel. 01/512 95 80.

▶ *Schweiz:* Seefeldstr. 19, CH-8008 Zürich, Tel. 01/252 79 30 und 252 79 31.

Örtliche Fremdenverkehrsämter auf Mallorca:

Die in größeren Orten angesiedelten O.I.T.-Büros (Oficina d'Informació Turística) sind bei den betreffenden Touren aufgeführt.

Auswahl an Internetsites über Mallorca:

www.spain.info

Informationen des spanischen Fremdenverkehrsamtes.

www.visitbalears.com

Informationen des Instituts für Tourismusförderung der Balearen.

www.mallorcaonline.com

Kommerzielle Servicesite mit vielseitigen Angeboten.

www.mallorcaweb.com

Gute Linksammlung.

Camping

Bis auf das rustikale Campinggelände beim Kloster Lluc besitzt Mallorca keinen einzigen offiziellen Campingplatz.

Karten

Für einen Wanderurlaub auf Mallorca können zwei Karten empfohlen werden. Die Kompass-Wanderkarte Mallorca (Nr. 230) im Maßstab 1:75 000 deckt die gesamte Insel ab und bietet trotz mancher Fehler einen guten Überblick über die Wandermöglichkeiten. Die ebenfalls nicht fehlerfreie Wander- und Freizeitkarte Mallorca – Tramuntana von Freytag & Berndt bietet im Maßstab 1:50 000 ein besseres Kartenbild, deckt aber nur das Gebiet der zentralen Serra de Tramuntana zwischen Puig de Galatzó im Westen und dem Tal von Lluc im Osten ab (Touren 2 bis 11). Die Schreibweisen der Ortsbezeichnungen können zwischen verschiedenen Karten und Reiseführern differieren.

Klima und Reisezeit

Obwohl die ersten Monate des Jahres recht niederschlagsreich sein können, lockt in dieser Zeit die Mandelblüte viele Naturliebhaber nach Mallorca. Ab März steigen die Temperaturen und während des gesamten Frühlings zeigt die Insel frisches Grün und eine verschwenderische Blütenpracht.

Von April, der oftmals noch recht unbeständig sein kann, bis Mitte Juni trifft man die meisten Wanderer auf der Insel. Selbst die höchsten Gipfel sind nun schneefrei und die Wildbäche in den engen Schluchten sind weitgehend ausgetrocknet.

In den Sommermonaten, der Hauptreisezeit auf Mallorca, brennt die Sonne gnadenlos vom Himmel und macht Wandertouren zur Qual.

Die Herbstmonate bieten wieder angenehmere Temperaturen und locken mit der Möglichkeit, Wanderungen mit einem Bad im noch aufgewärmten Meer zu verbinden.

Schon ab September muss man mit ersten Schlechtwettereinbrüchen rechnen und Ende Oktober beginnt die feuchte und kühle Winterzeit.

Im Frühjahr überzieht ein bunter Blumenteppich die Insel.

Medizinische Hilfe und Notrufe

Vor Antritt der Reise sollte man sich unbedingt bei seinem Krankenversicherer über die Regelung der Kostenübernahme im Krankheitsfall oder im Falle eines Krankenrücktransportes ins Heimatland informieren und gegebenenfalls eine zusätzliche Reisekrankenversicherung abschließen.

In den Urlaubsorten stehen meist deutschsprachige Ärzte zur Verfügung, deren Adressen man den ebenfalls deutschsprachigen Zeitungen auf Mallorca entnehmen kann.

Einen auch deutschsprachigen Notruf erreicht man unter der Telefonnummer 112, die Polizei unter der 091 und die Ambulanz unter 061. Bei kleineren Gesundheitsproblemen erweisen Apotheken (Farmàcia) gute Dienste.

Mietauto und Verkehrsregeln

Zahlreiche örtliche und internationale Autovermieter bieten auf Mallorca ihre Dienste an. Schon von zu Hause aus kann man, auch zusammen mit einem Flug oder einer Unterkunft, vergleichsweise günstig ein Mietauto buchen.

Eine alte Straßenbahn verbindet Sóller mit Port de Sóller.

Gerade in der für Wanderer angenehmen Nebensaison kann es sich als vorteilhaft erweisen, vor Ort ein Fahrzeug zu mieten. Am Flughafen in Palma besteht die größte Auswahl und somit die größte Konkurrenz, die bei geringer Nachfrage die Preise fallen lässt.

Unbedingt sollte man beim Vergleich der Preise auf die zusätzlichen Leistungen achten. Bei den Angeboten sind nicht immer Mehrwertsteuer, unbegrenzte Kilometer oder Vollkaskoversicherung ohne Selbstbeteiligung enthalten. Achten Sie bei der Übernahme des Fahrzeuges genau auf Vorschäden und lassen Sie diese gegebenenfalls vom Vermieter protokollieren. Bei den meisten Autoverleihern wird vom Fahrer ein Mindestalter von 21 Jahren verlangt und er sollte den Führerschein schon über ein Jahr besitzen.

Auf den oftmals recht engen Straßen Mallorcas herrscht zuweilen dichter Verkehr, der eine defensive Fahrweise angeraten erscheinen lässt.

Die Höchstgeschwindigkeit beträgt innerorts 50 km/h, auf Landstraßen 90 km/h, auf Autobahnen 120 km/h. Die Alkoholgrenze von 0,5 Promille wird scharf überwacht. Gelb markierte Randsteine zeigen ein Parkverbot an, blau markierte eine gebührenpflichtige Parkzone.

Öffentliche Verkehrsmittel

Mallorca besitzt einige Schmalspurbahnen, wobei nur die historische Linie von Palma nach Sóller (Roter Blitz) für den Wanderer von Interesse ist. Die Buslinien sind meist auf Palma ausgerichtet, doch gerade das für Bergsteiger zentral gelegene Sóller erweist sich ebenfalls als gute Drehscheibe für Fahrten durch die Serra de Tramuntana.

Grundsätzlich ist das Busnetz recht grobmaschig und auf vielen Strecken gibt es täglich nur wenige Verbindungen. An Sonn- und Feiertagen unterliegt das Angebot zusätzlichen Einschränkungen. Auf den beliebten Strecken wie jenen durch die Serra de Tramuntana übersteigt in der Wandersaison manchmal die Nachfrage das Platzangebot und überzählige Fahrgäste werden zurückgelassen.

Bei den örtlichen Tourismusinformationen erhält man Fahrpläne der wichtigsten Buslinien.

Port de Sóller bietet sich als Ausgangspunkt für Touren in der Serra de Tramuntana an.

Taxi

In allen größeren Ortschaften findet man Taxistände oder man bestellt telefonisch ein Taxi. Nur in Palma wird mit Taxameter abgerechnet, in allen anderen Orten mit einer festgelegten Preistabelle. An den Taxiständen sind oft die wichtigsten Ziele mit Preisangaben auf einer Tafel abzulesen. Die Fahrten sind etwas günstiger als in Deutschland. Trotzdem lohnt es sich für Wanderer, sich die Taxifahrt zum Ausgangspunkt einer Tour mit Gleichgesinnten zu teilen. Wer sich am Ende einer Tour abholen lassen möchte, sollte vorab ein Taxi buchen und Abholort und -zeit vereinbaren.

Telefon

Bei Telefonaten von Mallorca nach Deutschland muss die Landesvorwahl 0049 gewählt werden, dann die Ortsvorwahl ohne die 0 und anschließend die Nummer des Anschlusses.

Analog gilt für Österreich die Landesvorwahl 0043, für die Schweiz 0041.

Für Gespräche nach Mallorca wählt man die Landesvorwahl 0034, dann die Regionalvorwahl 971 und die gewünschte Rufnummer.

Bei Telefonaten auf Mallorca muss grundsätzlich die Vorwahl 971, die für die gesamten Balearen gilt, vor der gewünschten Rufnummer gewählt werden.

Unterkunft

Mallorca ist eine der beliebtesten Ferienregionen Europas und bietet dementsprechend eine unüberschaubare Fülle von Übernachtungsmöglichkeiten. Hotels werden je nach Ausstattung mit einem bis fünf Sternen klassifiziert.

Die meist preiswerteren Hostals, die deutschen Pensionen oder Gasthöfen entsprechen, sind mit einem bis drei Sternen bewertet. Fincas sind die oftmals recht teure mallorquinische Art des Urlaubs auf dem Bauernhof.

Sie bieten ein Spektrum von der rustikalen Selbstversorger-Unterkunft bis zum luxuriösen Landhaus. Die zahlreichen Apartments und Ferienhäuser für Selbstversorger können nur für einen längeren Zeitraum gemietet werden (meist ein bis zwei Wochen). Ein Großteil der mallorquinischen Beherbergungsbetriebe findet man entlang der Süd- und Ostküste. Gerade in den für Wanderer interessantesten Regionen in der Serra de Tramuntana ist das Angebot recht dünn. Hier bieten sich als zentral gelegene Ausgangspunkte mit zahlreichen Unterkünften Sóller bzw. Port de Sóller an.

Wer seine Unterkunft nicht vorab im Rahmen einer Pauschalreise bucht, der findet in Reisebüros und im Internet eine große Auswahl an unterschiedlichen Übernachtungsmöglichkeiten.

Für Individualreisende empfehlenswert ist die Broschüre »Hotels, Campings, Apartamentos«, die ein nahezu vollständiges Verzeichnis der offiziellen Hotels, Hostals und Apartments der Balearen enthält und über das

Im fruchtbaren Talkessel von Sóller liegt am Fuße steiler Felsberge das hübsche Dorf Biniaraix (Tour 12).

Spanische Fremdenverkehrsamt zu beziehen ist (siehe Auskunft). Zentrales Buchungszentrum für Urlaub auf einer Finca ist die »Associació Agroturisme Balear« in Palma, deren deutschsprachige Auskunft unter der Telefonnummer 0034/971 71 31 17 zu erreichen ist.

Wanderausrüstung und Wanderregeln

Die Berge Mallorcas sind steil und die Wege steinig. Die Anforderungen entsprechen oftmals durchaus jenen auf alpinen Touren. Wanderschuhe mit Profilsohlen, Regenschutz und vom Spätherbst bis zum Frühjahr wärmende Kleidung sollten unbedingt Bestandteil der Ausrüstung sein. Teleskopwanderstöcke können auf steilen, steinigen Abstiegen hilfreich sein. Verpflegung und vor allem eine ausreichende Menge an Getränken müssen mitge-

Immer mehr Wege auf Mallorca werden mit Wegweisern und Markierungen versehen (Tour 3).

führt werden, da man im verkarsteten Bergland kaum auf sauberes Trinkwasser stößt. In der warmen Jahreszeit ist ein Sonnenschutz ratsam und gerade in tiefer gelegenen Wandergebieten kann ein Mückenschutz nicht schaden.

Die Kombination aus steilen Bergen und grenzenlosen Blicken über das Meer faszinieren jeden Wanderer.

Häufig sind auf Mallorca Tore zu durchqueren, die dann wieder in den ursprünglichen Zustand versetzt werden sollten. Also geschlossene Tore wieder schließen, geöffnete offen lassen. Die Hinweisschilder »Propiedad particular« oder »Prohibido el paso« verbieten das Überqueren privaten Grundbesitzes.

Trockensteinmauern sollten so überquert werden, dass sie nicht beschädigt werden, und die häufig zur Wegmarkierung aufgestellten Steinmänner sollten nicht zerstört werden.

Auf vielen Wanderungen in Mallorca sind Hunde nicht gerne gesehene Begleiter und häufig ist das Mitführen von Hunden verboten.

Generell darf man auf allen Touren außer auf vorgesehenen Picknickplätzen kein Feuer machen. Schon manch achtlos weggeworfene Zigarette hat zu Waldbränden geführt, die ganze Landstriche verwüstet haben. Im Übrigen gelten dieselben Wanderregeln wie in anderen Gebieten auch, also keinen Lärm machen, keine Abfälle wegwerfen und die Natur so zurücklassen, wie man sie angetroffen hat.

1 Von Sant Elm nach Sa Trapa

Tiefblicke auf die Dracheninsel: Sant Elm – Torre Cala d'en Basset – Sa Trapa – Coll de ses Animes – Sant Elm

An einer Strandbucht an der Westspitze von Mallorca liegt der kleine Urlaubsort Sant Elm (San Telmo), der im Vergleich zu den benachbarten Küstenorten noch einen dörflichen Charakter bewahren konnte. Nördlich des Ortes liegt ein abgeschiedenes Bergland, durch das diese Tour zu einem malerischen Wachturm und dem aufgelassenen Trappistenkloster Sa Trapa führt.

mittel

9 km

3½ Std.

▶ **Tourencharakter:** Auf Schotterstraßen und Wanderwegen zu steil abfallenden Klippen und durch das Bergland nördlich von Sant Elm mit herrlichen Aussichtspunkten auf das Meer und die Dracheninsel Sa Dragonera. Kurz vor Sa Trapa ist Trittsicherheit erforderlich.
▶ **Beste Jahreszeit:** Frühjahr und Herbst.
▶ **Ausgangs- und Endpunkt:** Die Plaça de Mossen Sebastiá Grau im nördlichen Ortsbereich von Sant Elm.
▶ **Markierung:** Wegweiser und rote Farbmarkierungen.
▶ **Verkehrsanbindung:** Mit dem Auto von Andratx über die PM-103 nach Sant Elm. Dort vom Strand am Ortseingang der Beschilderung zum Cap Blanca folgend auf der Hauptstraße im Rechtsbogen um die Fußgängerzone, wieder hinab zum Meer und rechts zur nahen Plaça de Mossen Sebastiá Grau. Busverbindung von Peguera über Andratx nach Sant Elm bis zur Endstation vor der Bar Es Muli.
▶ **Einkehr:** Am Ausgangs- bzw. Endpunkt der Wanderung die Bar Es Muli.
▶ **Unterkunft:** In Sant Elm und den Nachbarorten.

Der Wegverlauf

Von der Plaça de Mossen Sebastiá Grau in **Sant Elm** folgen wir der Avenguda S'Algar (Wegweiser Torre) am Meer entlang nach Norden. Nach kurzer Strecke biegt sie nach links und leitet uns aufwärts. Bei erster Gelegenheit biegen wir rechts in ein Sträßchen und wandern an der Kreuzung neben den letzten Häusern auf einer breiten Schotterstraße geradeaus. Bald sehen wir zum einsamen Leuchtturm auf der Nordspitze von **Dragonera** hinüber und kurz darauf wechseln wir rechts auf eine schmalere, steinige Piste (Wegweiser Torre und Cala en Basset).

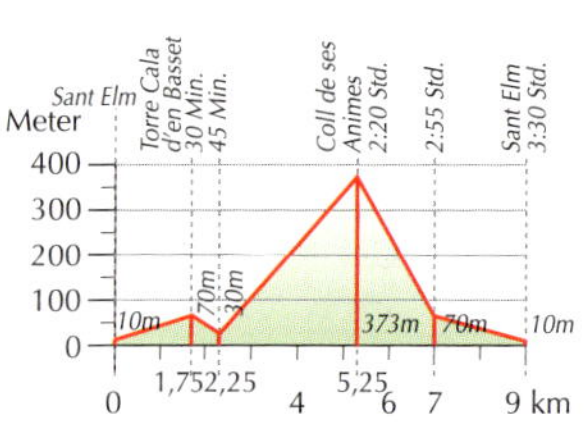

Nach 50 Metern an einer Wegkreuzung geradeaus, kurz bergauf und dann an einer Weggabe-

1

lung auf dem schmaleren Weg nach links. Wir folgen dem groben Sträßchen aufwärts, bis wir kurz vor seinem Ende rechts auf einen engen Wanderweg einbiegen. Nach wenigen Metern halten wir uns links und wandern auf dem teils von umgestürzten Bäumen blockierten Waldweg auf dem Bergrücken nach Norden. An einer Weggabelung bei einem großen Steinmann weiter geradeaus und bald sanft abwärts zum nächsten großen Steinmann an einem auffallend flachen Platz im Wald. Rechts abwärts führt der Weiterweg nach **Sa Trapa**. Zuvor lassen wir uns aber den kurzen Abstecher nach links nicht entgehen. Sanft abwärts führt uns dieser Weg in wenigen Minuten zum herrlich gelege-

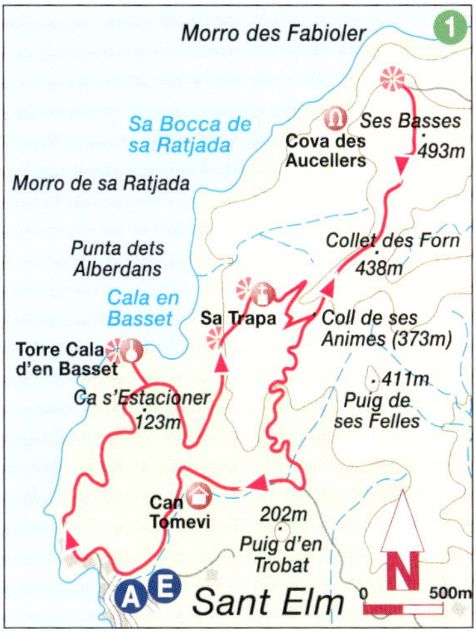

Der Torre Cala d'en Basset wacht an der Westspitze Mallorcas über der gleichnamigen Bucht.

Hoch über dem Meer liegen in einer Talmulde die Reste des ehemaligen Klosters Sa Trapa.

nen **Torre Cala d'en Basset**, der sich an einen Felsen über der wilden Küste klammert.

Anschließend zurück zur letzten Wegkreuzung und auf schmalem Weg durch den steilen Waldhang abwärts. Nach dem steils-0ten Stück geradewegs über einen Querweg und weiter abwärts in die Talmulde. Jenseits steigen wir wenige Meter zu einer Schotterstraße an, der wir rechts hinauf folgen. Bald durch ein Tor und dann links an einem eingezäunten, durch ein Tor versperrten Gelände vorbei.

Das Kiessträßchen wird nun flach und bei zwei niedrigen Pfosten, die den Weg flankieren, zweigen wir links auf einen mit Farbpunkten und Steinmännern markierten Steig ab. Er führt anfangs geradewegs aufwärts und schlängelt sich dann zwischen Trockenmauern durch den Hang nach rechts. Unter einem Felsgürtel wendet sich der Steig nach links und zieht als herrlicher Panoramaweg durch den Steilhang aufwärts.

Zum Schluss quert das Weglein fast flach durch eine weite Hangmulde und steigt dann endgültig zu den Felsen hinauf. Hier vorsichtig gehen, um nicht zu weit links aufwärts in die steil zum Meer abstürzenden Felsen zu klettern. Der leichteste Weg führt mit roten Markierungspunkten versehen auf einem Felsband

1

nach rechts und dann kurz links aufwärts an den Rand der Hochfläche. Nach wenigen Metern öffnet sich der Blick nach **Sa Trapa** und der Weg leitet uns zum ehemaligen Kloster. Vom etwas tiefer gelegenen Dreschplatz bietet sich eine berauschende Aussicht zur Insel Sa Dragonera.

Von dort wandern wir zurück zum Kloster hinauf und folgen der Schotterstraße, die sich in Kehren steil zum felsigen Bergkamm hinaufwindet.

Aussichtsreicher Abstecher: An der obersten Kehre knapp unter den Gipfelfelsen biegen wir links auf einen schmalen Weg, der sanft ansteigend unterhalb des Bergkammes den Hang quert. Bald geht es etwas steiler aufwärts, und kurz bevor wir den Höhenrücken erreichen, folgen wir an einer Weggabelung dem linken, sanft abwärts verlaufenden Weg.

Nach wenigen Minuten erreichen wir einen großen Steinmann, von dem links ein Steig zu einem nahen **Mirador** führt, der wie ein Adlerhorst am Rand steil abfallender Klippen klebt und herrliche Tiefblicke bietet.

Auf dem bekannten Weg wandern wir zurück zur Schotterstraße, auf ihr kurz aufwärts zum **Coll de ses Animes** (373 m) und jenseits anfangs recht steil in zahllosen Kehren abwärts in ein fruchtbares Tal.

Im Talgrund gehen wir kurz nach der Finca an einer Wegkreuzung auf dem Camí Punta de sa Galera geradeaus (Wegweiser Sant Elm) und folgen geradewegs dem Hauptweg, bis wir wenige Meter nach dem Haus **Can Tomeví** links auf eine breite Kiesstraße einbiegen.

Nach wenigen Minuten folgen wir an einer Gabelung der rechten Straße und erreichen kurze Zeit später unseren Ausgangspunkt in **Sant Elm**.

Sa Trapa

Während der Französischen Revolution aus Frankreich vertriebene Trappistenmönche, die in Spanien eine neue Heimat gefunden hatten, errichteten Anfang des 19. Jahrhunderts hoch über der mallorquinischen Küste das kleine Kloster Sa Trapa. Mit unglaublichem Arbeitseifer trotzten sie in den nur 18 Jahren, die sie hier blieben, den kargen Berghängen unzählige, von hohen Trockenmauern gestützte Anbauterrassen ab und errichteten die Klostergebäude. Heute gehört das Gelände der Umweltschutzorganisation G.O.B.

2 Von Andratx auf die Garrafa

Halbtagestour auf den wenig besuchten Aussichtsgipfel: Andratx – Garrafa – Andratx

Während sich die nahen Küstenorte vollkommen dem Tourismus verschrieben haben, ist Andratx, der alte Hauptort der Region, noch weitgehend in spanischer Hand. Über dem Ort ragt die Garrafa auf, deren unbewaldeter Gipfel eine umfassende Aussicht über die zerfranste Küste bietet.

mittel

km 3,5 km

2 Std.

▶ **Tourencharakter:** Ein kurzer, steiler Anstieg auf schmalem und steinigem Steig durch die bewaldete Westflanke der Garrafa, die vor allem vormittags angenehm schattig ist. Vom Gipfel bieten sich herrliche Ausblicke über den Südwesten Mallorcas.
▶ **Beste Jahreszeit:** Das ganze Jahr über.
▶ **Ausgangs- und Endpunkt:** Die Tankstelle am südlichen Ortsrand von Andratx.
▶ **Markierung:** Steinmänner und gelbe Farbpunkte.
▶ **Verkehrsanbindung:** Von Palma auf der C-719 zur Tankstelle am südlichen Ortsrand von Andratx oder vom Stadtzentrum auf der nach Palma und Peguera ausgeschilderten Straße dorthin. Gute Busverbindungen von Palma nach Andratx und mehrmals wöchentlich Busse aus Richtung Valldemossa. Vom Busbahnhof erreicht man entlang der nach Palma ausgeschilderten Hauptstraße nach ca. 800 m den Ausgangspunkt.
▶ **Einkehr:** In Andratx.
▶ **Unterkunft:** In Andratx und den nahen Küstenorten.

Der Wegverlauf

Schräg rechts gegenüber der **Tankstelle** am südlichen Ortsrand von **Andratx** gehen wir zwischen einem Haus zur Linken und einer hohen Steinmauer rechts auf der Schotterstraße aufwärts. Nach kurzer Strecke durch ein Metalltor, auf dem Weg an der Mauer entlang bergan und nach einem Linksknick und an einem Haus vorbei in ein Tal. Wir verlassen den Kiesweg, gehen kurz auf die oberhalb gelegene Schlucht zu und dann im Linksbogen auf dem mit groben Steinen bedeckten und von einer hohen Mauer gestützten Weg an der Felswand entlang zur engen Felsspalte hinauf, die durch ein Metalltor versperrt ist.

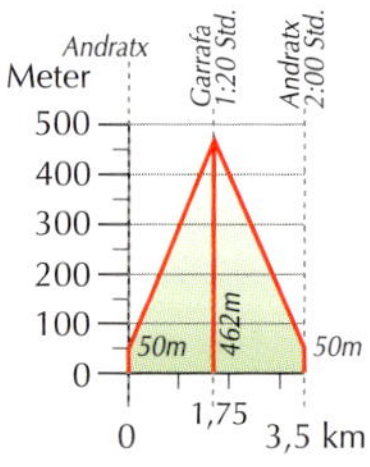

Durch ein Türchen erreichen wir einen steinigen Steig, der uns stets im Talgrund bergan führt. An wenigen Stellen sind Res-

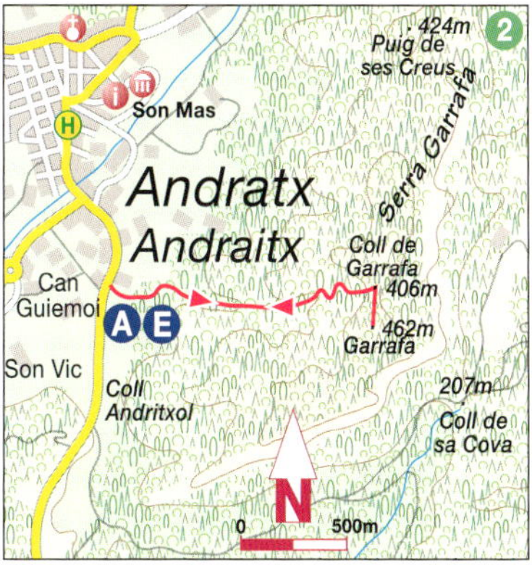

2

te der alten Pflasterung erkennbar, meist gleicht der Weg jedoch einem schmalen Bachlauf.

Nach etwa einer halben Stunde passieren wir ein neben dem Weg gelegenes Steinhüttchen.

200 Meter weiter gabelt sich das Tal und wir folgen dem Weglein im Hauptast. Kurz nach einem alten Köhlerplatz versperrt eine niedrige Felsstufe den Weiterweg im Talgrund. Der schmale Steig leitet uns in einem kurzen Rechtsbogen über Felsen um den Felsabbruch herum.

Über uns schimmert nun schon der Bergrücken der Garrafa durch den lichten Wald und das Tal geht in einen felsdurchsetzten Hang über.

Das alte Landstädtchen Andratx ist Ausgangspunkt für die Tour auf die Garrafa.

2

Der schmale Weg windet sich in Kehren rechts aufwärts durch die Flanke. Bald nimmt die Steigung ab und wir erreichen bei einem größeren Steinmann neben einer Baumgruppe den **Coll de Garrafa** (406 m).

Für den Abstieg sollte man sich diese Stelle, an der der Weg den Bergkamm verlässt, genau einprägen.

Jetzt mit dem deutlichen Weglein nach rechts, das über den breiten Bergrücken ansteigt. Bald ragt vor uns der Feuerausguck auf dem höchsten Punkt der **Garrafa** (462 m) auf, der ohne Mühe nach wenigen Minuten erreicht ist. Nach der Gipfelrast mit herrlichem Ausblick über die Südküste und den buchtenreichen Südwesten wandern wir auf gleichem Weg wieder hinab nach **Andratx**.

Die baumfreie Gipfelkuppe der Garrafa verspricht herrliche Ausblicke über den Südwesten Mallorcas.

Auf den Puig de Galatzó

3

Zum westlichsten Tausender auf Mallorca: Font des Pi – Puig de Galatzó – Font des Pi

Weit im Westen von Mallorca ragt der mächtige Felsgipfel des Puig de Galatzó hoch über der Küste auf. Seine isolierte Lage und überragende Höhe machen seinen Gipfel zu einem der beeindruckendsten Aussichtspunkte der Insel, der dank des hoch gelegenen Ausgangspunktes relativ schnell zu erreichen ist.

▶ **Tourencharakter:** Auf schmalen Steigen führt diese Wanderung zum felsigen Gipfelaufbau des Galatzó, der an kurzen Felsaufschwüngen Trittsicherheit erfordert. Wegen seiner isolierten Lage über der Küste sollte der Berg nur bei guten Wetterbedingungen bestiegen werden. Der Galatzó bietet herrliche Ausblicke über weite Teile von Mallorca.
▶ **Beste Jahreszeit:** Frühjahr bis Herbst.
▶ **Ausgangs- und Endpunkt:** Die Quelle Font des Pi.
▶ **Markierung:** Wegweiser und rote Farbmarkierungen.
▶ **Verkehrsanbindung:** Mit dem Auto am südlichen Ortsrand von Puigpunyent von der Straße Richtung Galilea auf die durchgehend mit »Reserva de Puig de Galatzó« beschilderte Nebenstraße abbiegen. Nach 3 km an der Kreuzung neben dem Haus Es Cucui nicht abwärts zur »Reserva«, sondern unbeschildert auf schmaler Teerstraße rechts aufwärts. Rechts abgehende Straßen ignorieren, nach gut 1 km an den Felsen eines aufgelassenen Steinbruchs vorbei und nach weiteren 500 m rechts in die erste abzweigende Teerstraße. Jetzt steil und holprig 300 m zum Parkplatz an der Font des Pi. Keine öffentlichen Verkehrsmittel zum Ausgangspunkt.
▶ **Einkehr:** Keine.
▶ **Unterkunft:** In Puigpunyent, Esporles oder Galilea.

anspr.

5 km

2½ Std.

Der Wegverlauf

An der **Font des Pi** (620 m) geht die Zufahrtsstraße in einen steinigen Karrenweg über, der steil bergauf verläuft. Der Weg führt bald links zu einer Kreuzung, an der wir uns rechts halten. Nach kurzer Strecke wechseln wir vom breiten Weg links auf einen schmalen, mit Farbpunkten und Pfeil markierten Pfad, der sich durch schattigen Steineichenwald nach oben windet.

Nach und nach lichtet sich der Wald und vor uns ragt am Bergkamm ein Brandwachturm auf. Der Weg bleibt links des Turms und steigt dann links

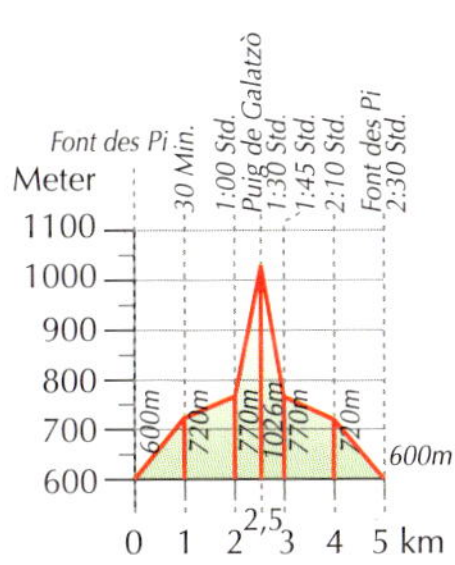

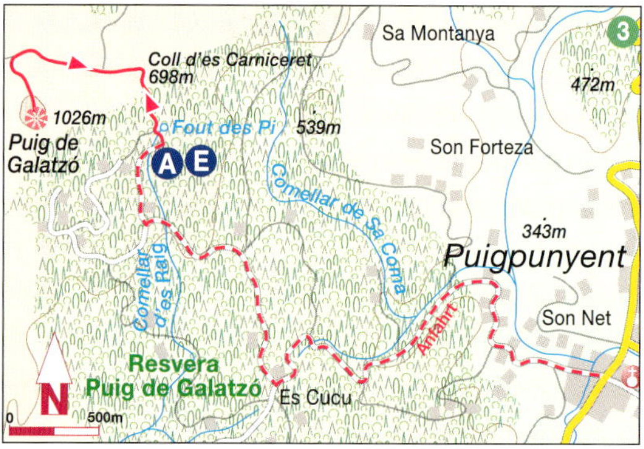

zum felsigen Ostkamm des Puig de Galatzó an, an dem wir bei einem Steinmann neben auffällig geschichteten Felsen von der Südost- auf die Nordostflanke des Berges wechseln.

Mächtig ragt über uns die Felsgestalt des Puig de Galatzó auf und zum ersten Mal geht der Blick hinab zur wilden Nordküste der Insel. In sanftem Auf und Ab leitet der schmale Steig anschließend durch den Hang nach Westen und quert bald einen Schuttstrom.

Danach läuft er unter einem mächtigen Felsturm entlang, ehe er uns nach einem kurzen Anstieg zu den Grundmauern der ehemaligen Brandwachthütte auf der Nordschulter des Galatzó führt. Hier vereinigt sich unser Weg mit jenem, der von der Küstenstraße heraufführt.

Der Gipfel des Puig de Galatzó bietet an klaren Tagen Ausblicke bis nach Ibiza.

Wir halten uns an der Wegkreuzung links (Wegweiser Puig de Galatzó), mühen uns ein steiles Stück hinauf und folgen dann rechts haltend dem jetzt weniger anstrengenden Weg. Bald gilt es eine steile Felsstufe zu überwinden.

Anschließend läuft der Steig über Felsen und Blockwerk geradewegs zur felsigen Gipfelpyramide hinauf. Wir klettern in einem Rechtsbogen über gut gestuften Fels zur Gipfelsäule auf dem **Puig de Galatzó** (1026 m), der uns mit einer berauschenden Aussicht über die Berge, Ebenen und Küsten von Mallorca belohnt. Wir kehren auf der gleichen Route zum Ausgangspunkt an der **Font des Pi** zurück.

Von Banyalbufar nach Port d'es Canonge

4

Einfache Wanderung zur kleinen Fischerbucht: Banyalbufar – Port d'es Canonge – Banyalbufar

Oberhalb der gleichnamigen Bucht liegt das hübsche Dorf Banyalbufar inmitten gepflegter Terrassengärten. Von hier führt eine einfache Küstenwanderung durch bewaldete Flanken zur verträumten Bucht von Port d'es Canonge, die an Wochenenden ein beliebtes Ziel der Einheimischen ist.

▶ **Tourencharakter:** Eine einfache, weitgehend schattige Wanderung auf breiten Wegen, die schöne Blicke auf die Küste bietet. An den Kiesstränden von Banyalbufar und Port d´es Canonge Bademöglichkeiten. Den steilen Anstieg von der Cala Banyalbufar zum Küstenweg können Selbstfahrer vermeiden, indem sie die Tour oberhalb Banyalbufar an der C-710 beginnen (ca. 40 Min. kürzer).
▶ **Beste Jahreszeit:** Das ganze Jahr über.
▶ **Ausgangs- und Endpunkt:** Entweder das Ortszentrum von Banyalbufar oder ein Parkplatz außerhalb des Ortes an der C-710.
▶ **Markierung:** Wegweiser.
▶ **Verkehrsanbindung:** Mit dem Auto von Banyalbufar auf der C-710 in Richtung Valldemossa zu einem Parkplatz an der Kehre bei Kilometer 85,3. Hier beginnt der breite Weg, der nach kurzer Strecke auf die beschriebene Route trifft. Von Palma täglich und von Peguera und Valldemossa mehrmals wöchentlich Busverbindung nach Banyalbufar.
▶ **Einkehr:** In Banyalbufar und Port d'es Canonge.
▶ **Unterkunft:** In Banyalbufar.

leicht
9,5 km
3 Std.
ja

Der Wegverlauf

Beginn der Wanderung in Banyalbufar: Von der Bushaltestelle in **Banyalbufar** gehen wir auf der Hauptstraße Richtung Valldemossa durch den Ort bis zum Hotel Mar i Vent. Hier links auf dem Carrer Major abwärts, bei erster Gelegenheit rechts in den Carrer Marina und dann links auf schmaler Teerstraße (Wegweiser Cami de sa Galera) hinab zur **Cala Banyalbufar**. Am tiefsten Punkt geradeaus aufwärts, vorbei an einem zum Meer führenden Treppenweg und ca. 30 Meter weiter bei den letzten Häusern rechts in einen schmalen Steig (Wegweiser Cami de sa Galera). Das mit roten Punkten und Steinmännern markierte Weglein schlängelt sich anfangs durch den Waldhang steil nach oben und geht nach halbem Anstieg in einen

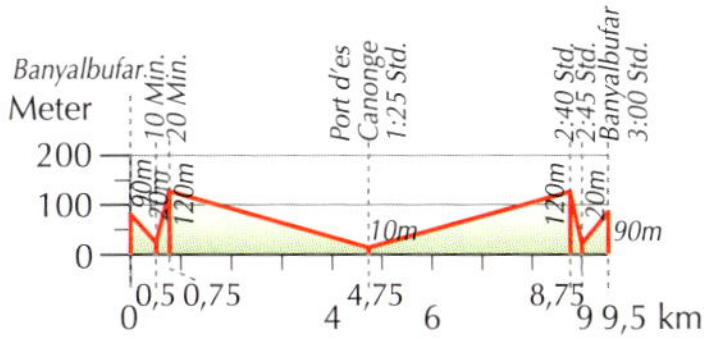

4

Vorbei an der zerrissenen Felsküste führt der Weg hinab nach Port d'es Canonge.

breiteren, bequemer zu begehenden Weg über. Bald erreichen wir den Hauptweg, dem wir nach links folgen.

Beginn am Parkplatz an der C-710: Vom Parkplatz auf breitem Weg (Wegweiser »Port d'es Canonge«) zu einem nahen Haus. Wenige Schritte nach dem Gebäude kommt von links der Weg von Banyalbufar herauf. Anschließend nicht rechts aufwärts, sondern in gleich bleibender Höhe zu einem Tor, neben dem wir eine Leiter überklettern. An den nächsten Gabelungen folgen wir zuerst dem rechten, eben verlaufenden Wanderweg und dann dem breiteren Weg nach links. In sanftem Auf und Ab geht es nun durch den schattigen, über großen Steinblöcken wuchernden Wald. Der Weg führt uns am Fuß der brüchigen, überhängenden Steilwände des Puig de ses Planes abwärts und bald liegt unter uns das hell leuchtende Felskap der Punta de s'Àguila.

Vor dem Gelände der Finca Son Bunyola treffen wir auf eine breite Schotterstraße, auf der wir nach links wandern. An den fol-

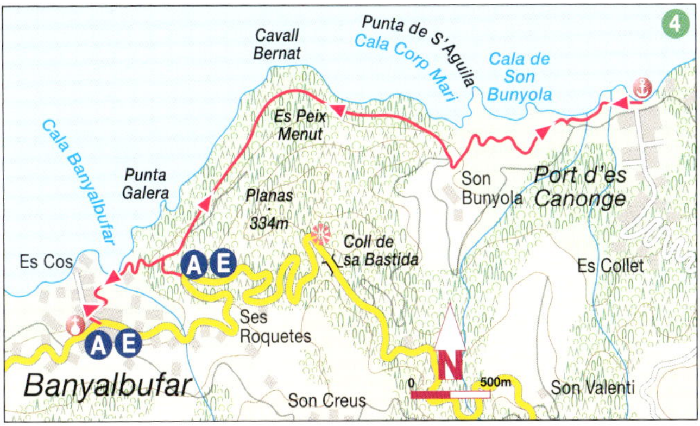

4

genden Gabelungen halten wir uns jeweils links und marschieren oberhalb der Küste sanft abwärts bis zum Ende der Kiesstraße. Vor der Ruine einer kleinen Steinhütte auf einem Pfad links zum nahen Meer, dann rechts in die Kiesbucht **Platja de Son Bunyola** und jenseits zwischen den verfallenen Fischerhütten aufwärts. An der roten Felsküste entlang und durch einen Pinienwald führt uns der Weg in das Bett eines kleinen Torrent. Von dort steigen wir zwischen Büschen über gestuften Fels zu einer flachen Wiese hinauf. Geradeaus erreicht man nach 100 Metern die von Bootshütten eingefasste Kiesbucht von **Port d'es Canonge**, rechts geht es zum Ort mit den Restaurants. Auf dem bekannten Weg kehren wir zum **Ausgangspunkt** zurück.

Inmitten aufwändig bewässerter Terrassenfelder liegt das Dorf Banyalbufar.

5 In den Bergen über Valldemossa

Lange Panoramarunde zum Teix: Valldemossa – Poyet – Veia – Puig des Caragoli – Teix – Valldemossa

Hoch über Valldemossa erstreckt sich ein steil zum Meer hin abfallender Bergkamm vom Teix weit nach Westen. Ende des 19. Jahrhunderts ließ sich Erzherzog Ludwig Salvator (siehe Tour 9) über diesen Kamm einen atemberaubenden Reitweg bauen. Sein »Camí de s'Arxiduc« bietet eine herrliche Panoramatour über der Nordküste von Mallorca.

mittel

14 km

5¾ Std.

▶ **Tourencharakter:** Eine lange Wanderung auf steinigen Wegen, die einige Ausdauer erfordert. Der luftige Weg über den Bergkamm des Caragoli ist gut ausgebaut, führt jedoch an einigen Stellen recht nahe an den Steilwänden entlang. Die Tour sollte nur bei stabilen Wetterverhältnissen angegangen werden. Unterwegs immer wieder herrliche Blicke auf die Küste und das Bergland.
▶ **Beste Jahreszeit:** Frühjahr bis Herbst.
▶ **Ausgangs- und Endpunkt:** Die Plaça Campdevánol mit der Bushaltestelle an der Durchgangsstraße in Valldemossa.
▶ **Markierung:** Wegweiser und Farbmarkierung.
▶ **Verkehrsanbindung:** Mit dem Auto von Palma über die PM-111 bzw. von Andratx oder Sóller über die Küstenstraße C-710 nach Valldemossa. Großer, an die Plaça Campdevánol anschließender Parkplatz an der östlichen Ausfallstraße von Valldemossa. Busverbindungen aus mehreren Richtungen nach Valldemossa.
▶ **Einkehr:** In Valldemossa.
▶ **Unterkunft:** In Valldemossa.
▶ **Tourist-Info:** O.I.T. Municipal Valldemossa, Avenguda de Palma 7, Tel. 971 61 20 19.

Der Wegverlauf

Im Zentrum von **Valldemossa** (400 m) läuft von der Bushaltestelle auf der Plaça Campdevánol die Nebenstraße Carrer Rector Joan Mir eben nach Westen. Auf ihr bis zur zweiten Kreuzung und von dort rechts auf dem Carrer de Joan Fuster (Pintor) aufwärts. An der zweiten Kreuzung biegen wir links in den Carrer de les Oliveres ein, dem wir bis zu seinem Ende folgen. Hier an einem Tor vorbei auf breitem Schotterweg aufwärts. Nach einer Rechtskurve biegen wir links auf einen steinigen Weg, der durch Steineichenwald aufwärts führt. Nach einer Holzleiter rechts aufwärts und nach kurzer Strecke auf einem querenden Weg nach rechts. Er führt uns im Zickzack zur Ebene Pla des Pouet, über die wir geradewegs die **Font de Pouet** erreichen. Hier geradeaus (der Weg rechts führt direkt zum Coll de s´Estret de Son Gallard) durch den Wald. Der Reitweg wird immer deutlicher und windet sich durch stets felsigere Landschaft nach oben. Nach einem erholsamen Flachstück erreichen wir den am Rand einer steil abfallenden Felswand gelegenen **Mirador de ses Puntes**, der uns einen atemberaubenden Ausblick bietet. Der Reitweg knickt kurz vor dem Mirador scharf nach rechts und

bringt uns nach kurzem Anstieg auf den Gipfel des **Pouet** (858 m). Ohne Mühe wandern wir anschließend über den Bergrücken zur wenige Meter höheren **Veiá** (871 m) hinüber. Die Gipfelhütte, von der der Blick bis zum Puig Major reicht, bleibt rechts. Anschließend abwärts in den **Coll de s'Estret de Son Gallard** (762 m), geradewegs an einer gemauerten Bank vorbei über den Sattel und wieder aufwärts, bis rechts ein Pfad einen kurzen Abstecher zur **Cova de s'Ermita de Son Moragues** erlaubt. Hinter einer nahen Steinmauer noch kurz geradeaus bis zu einem Felsen mit einem daran befestigten Holzkreuz, unter dem sich die Eremitenhöhle verbirgt. Da sie zeitweise bewohnt ist, sollte man sich mit entsprechender Zurückhaltung nähern. Von der Höhle zurück zum Weg, auf dem wir weiter ansteigen. Wir stoßen auf die Fortsetzung des Reitweges, der uns teils steil bergan auf den nach Norden senkrecht abfallenden Bergkamm führt. Ein Stück leitet uns der Reitweg an den atemberaubenden Steilabbrüchen entlang, ehe er kurz rechts hinab führt. Nach einem Gegenanstieg rechts an der höchsten Felskuppe des **Puig des Caragoli** (944 m) vorbei und dann abwärts zu einem großen Steinmann vor einer Baumgruppe auf

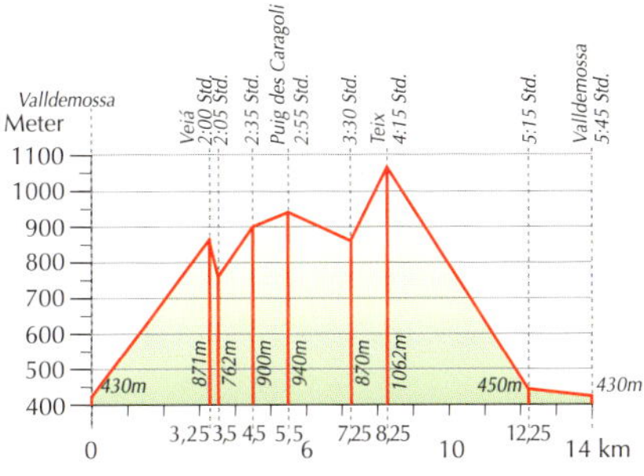

5

der **Pla dels Aritges** genannten Senke. Wir folgen dem deutlichen Weg nach links, der uns über die Kuppe des **Puig des Pou** in einen Sattel vor dem breiten Massiv des Teix leitet. Nun noch ca. 200 Meter aufwärts zu einem weiteren großen Steinmann, an dem links der Steig zum Teix abzweigt.

Abstecher auf den Teix: Zu Beginn über eine kurze Felsstufe hinauf und dann auf dem harmlosen Steig zu einer hohen Steinmauer. Auf einer Leiter über die Mauer und anschließend geradewegs über die Ebene **Pla de sa Serp**, bis uns steile Spuren rechts zum Sattel zwischen den Teix-Gipfeln hinaufleiten. Wir halten uns rechts und steigen zur nahen Gipfelsäule des **Teix** (1062 m) hoch. Vom Gipfel geht es auf dem Anstiegsweg wieder hinab zum großen Steinmann am Reitweg.

Wir gehen auf ihm links in ein von steilen Wänden eingefasstes Tal und erreichen kurz nach den Resten eines alten Schneehauses die Unterstandshütte Refugi des Cairats. Dort wechseln wir auf die teils betonierte Zufahrtsstraße, die sich anfangs unangenehm steil nach unten windet. Nach ca. 20 Minuten nimmt das Gefälle ab und das Kiessträßchen führt uns nahe dem Talgrund abwärts zu einer Straßengabelung. Auf einer Brücke rechts über den Torrent d'Avall und in gleich bleibender Höhe zu den ersten Häusern von Valldemossa. Hier auf dem asphaltierten Carrer de Toscana nach rechts, an der nächsten Gabelung nach links und bald am burgartigen Herrenhaus Son Gaul vorbei zu einer Straßengabelung. Wir halten uns links und gehen von der nächsten Kreuzung links zur Hauptstraße hinab, die uns rechts zum Ausgangspunkt im Zentrum von Valldemossa zurückbringt.

Hoch über der Nordküste führt die Wanderung über einen lang gezogenen, aussichtsreichen Bergkamm.

Von Bunyola zur Alqueria

6

Tiefblick auf die Ebene von Palma: Bunyola – Alqueria – Pas de Sa Fesa – Bunyola

Kurz bevor man auf der Straße von Palma nach Sóller den Passtunnel erreicht, ragen westlich des Tales steile Felshörner auf. Die Alqueria, der höchste dieser Gipfel, ist überraschend einfach zu ersteigen und der Abstieg durch die schmale Felsspalte des Pas de Sa Fesa sorgt auf dem Weiterweg für Abwechslung.

▶ **Tourencharakter:** Eine weitgehend einfache Wanderung auf breiten Wegen, die herrliche Ausblicke bietet. Nur der Abstieg vom Pas de Sa Fesa führt anfangs auf schmalem Steig durch einen steilen Waldhang. Selbstfahrer können an der C-711 starten und die Tour um ca. 40 Min. verkürzen.
▶ **Beste Jahreszeit:** Das ganze Jahr über.
▶ **Ausgangs- und Endpunkt:** Entweder der Bahnhof in Bunyola oder eine Parkbucht nahe der Finca S'Alqueria d'Avall.
▶ **Markierung:** Teils Steinmänner und rote Farbpunkte.
▶ **Verkehrsanbindung:** Mit dem Auto auf der C-711 von Palma kommend am Abzweig nach Bunyola vorbei in Richtung Sóller fahren. Nach gut 1 km findet man an der linken Straßenseite unterhalb der mächtigen, allein stehenden Finca S'Alqueria d'Avall zwischen zwei abzweigenden Straßen eine Parkbucht, an der man die Tour beginnen kann. Die Bahnstation in Bunyola liegt an der historischen, vom »Roten Blitz« befahrenen Strecke von Palma nach Sóller.
▶ **Einkehr:** In Bunyola.
▶ **Unterkunft:** In Bunyola.

mittel
10,5 km
3¾ Std.
ja

Der Wegverlauf

Vom Bahnhof in **Bunyola** gehen wir zur nahen Hauptstraße, überqueren sie und folgen dem breiten Bahndamm. Ca. 100 Meter vor dem ersten Bahntunnel rechts auf einen Weg, der zwischen Steinmauern zu einer schmalen Teerstraße läuft. Auf ihr links nach etwa einem Kilometer zur viel befahrenen C-711 und auf dieser kurz nach rechts.

Alternative: Gegenüber liegt unterhalb der Finca S'Alqueria d'Avall die **Parkbucht**, an der Wanderer mit eigenem Fahrzeug die Tour beginnen können.

Wir überqueren die Straße und wandern auf der linken der beiden Nebenstraßen

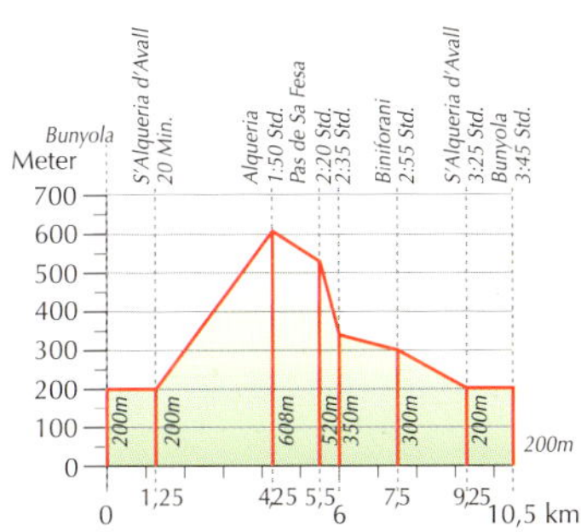

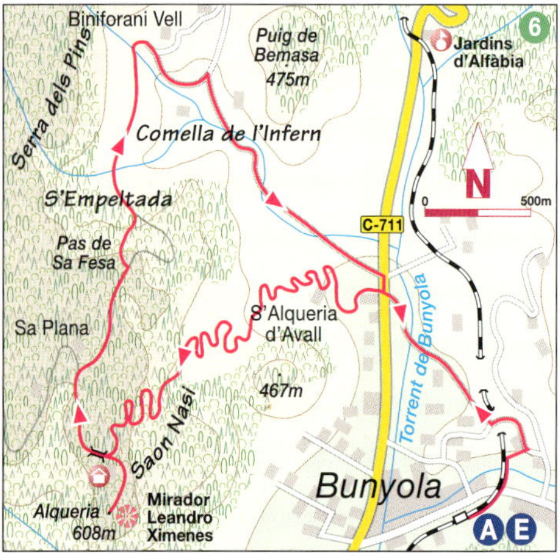

(über die rechte führt später der Rückweg) zur nahen Finca. Vor dem Hauptgebäude gehen wir links durch ein Metalltor und folgen nun immer dem breiten Hauptweg, der sich anfangs durch Olivenhaine und dann durch lichten Wald in zahlreichen Kehren nach oben windet. Nach einer guten Stunde Anstieg erreichen wir die Passhöhe, an der links neben einer Steinsäule der schmale, steinige Steig zur Alqueria abzweigt. Bald mit Hilfe einer Leiter über einen Zaun und anschließend durch felsiges, aber problemlos zu begehendes Gelände an einer Unterstandshütte vorbei zum Mirador Leandro Ximenis auf dem aussichtsreichen Gipfel der **Alqueria** (608 m), die nach Süden mit atemberaubenden Steilwänden abbricht.

Die schmale Felsspalte des Pas de Sa Fesa öffnet den Abstieg durch eine steile Felsbarriere.

Vom Gipfel gehen wir zurück zur Schotterstraße und auf ihr nach links. In gleich bleibender Höhe anfangs durch einen steilen Hang und nach einem Tor durch die Felder und Olivenhaine der Finca Sa Muntanya. Wenige Meter nach einem gemauerten Schuppen, kurz bevor die Schotterstraße nach links knickt, biegen wir rechts auf einen Feldweg ab. Sanft ansteigend am rechten Rand der Mulde aufwärts. Nach kurzer Strecke nicht dem nach links knickenden Weg folgen, sondern geradeaus auf einer Wegspur durch den

Olivenhain in einen Sattel. Jenseits wenige Meter abwärts zu einem Steinmann und dann links zur nahen Felsspalte des **Pas de Sa Fesa**. Die enge Felskerbe, in der uns eine Leiter über einen Zaun hilft, führt uns an den Fuß einer Felsstufe.

Der Rückweg nach Bunyola führt uns durch eine fruchtbare Tallandschaft.

Ein schmaler, rutschiger Steig leitet nun durch den steil abfallenden Waldhang anfangs rechts haltend abwärts. Man achte auf die schmale Spur, die sich bald in steilen Serpentinen durch den Hang windet und kurz nach einem grün bewachsenen Köhlerplatz zur Linken auf einen groben Karrenweg trifft. Wir überqueren den Weg und steigen geradeaus zum nahen Waldrand ab. Bei einem verfallenen Torpfosten beginnt der schmale Weg, der uns rechts durch einen Olivenhain führt. Nach 200 Metern auf einem Wirtschaftsweg nach links, in Kurven abwärts und dann flach nach links. Neben einem Tor mit Hilfe der Leiter über einen Zaun, kurz darauf auf einem Betonsträßchen rechts abwärts und nach einem weiteren Tor geradeaus.

Die schmale Straße führt uns durch den Hang in gleich bleibender Höhe weit nach links bis zu einer Querstraße unterhalb der Häuser von **Biniforani Vell**. Auf ihr rechts abwärts und an einem Tennisplatz vorbei zu einer Kreuzung. Rechts führt uns die schmale Straße geradewegs zurück zur C-711, die wir nahe der **Finca S'Alqueria d'Avall** erreichen. Wer am Bahnhof von **Bunyola** gestartet ist, folgt von hier dem schon bekannten Weg zurück zum Ausgangspunkt.

7 Von Bunyola zum Penyal d'Honor

Stilles Waldgebirge bei Bunyola: Bunyola – Penyal d'Honor – Ca's Garriguer – Sa Cova – Bunyola

Vorbei an den kreisrunden Plätzen, an denen früher die Köhler ihre Meiler betrieben, und an den tiefen Gruben, in denen sie einst Kalk brannten, führt uns diese Tour durch stilles, waldreiches Bergland. Für Abwechslung sorgen herrliche Aussichtspunkte und das malerische Tal, in dem sich die alte Höhlenfinca Sa Cova versteckt.

mittel

12 km

4½ Std.

ja

▶ **Tourencharakter:** Eine einfache, jedoch lange Wanderung, die teils auf steinigen Wegen, teils auf Forststraßen durch das Waldgebirge nördlich von Bunyola führt. Der Anstiegsweg bringt uns zu herrlichen Aussichtspunkten, der Rückweg läuft durch ein Tal, in dem sich ein malerischer Olivenhain und das Höhlenhaus von Sa Cova verstecken.
▶ **Beste Jahreszeit:** Frühjahr bis Herbst.
▶ **Ausgangs- und Endpunkt:** Der Bahnhof von Bunyola.
▶ **Markierung:** Wegweiser und Farbpunkte.
▶ **Verkehrsanbindung:** Mit dem Auto von der C-711 auf halber Strecke zwischen Palma und Sóller der Beschilderung folgend in das nahe Bunyola. Die Bahnstation in Bunyola liegt an der historischen, vom »Roten Blitz« befahrenen Strecke von Palma nach Sóller.
▶ **Einkehr:** In Bunyola.
▶ **Unterkunft:** In Bunyola.

Der Wegverlauf

Vom Bahnhof von **Bunyola** (200 m) gehen wir zur nahen Hauptstraße und auf ihr rechts aufwärts zur Kirche im Ortszentrum. Schräg gegenüber führt uns der Carrer Mare Déu de la Neu und nach einer Querstraße die steil ansteigende Treppengasse Carrer de Lluna aufwärts. An ihrem Ende auf schmaler Straße ca. 200 Meter nach rechts, bis sich links der Carreró la Comuna (Wegweiser Camí d'es Grau und Sa Cova) zum Ortsrand hinaufschlängelt. Dort wechseln wir geradewegs auf eine flache Kiesstraße über und biegen, bevor das Sträßchen abwärts läuft, links auf einen steinigen Wanderweg ein (Wegweiser Camí d'es Grau und Cas Garriguer). Er leitet uns, vorbei an alten Köhlerplätzen und Kalköfen, durch den Wald aufwärts, bis wir an einem Flachstück eine Kreuzung erreichen. Dem Wegweiser folgend halten wir uns rechts und steigen auf einem teils gepflasterten Steig durch den steilen Hang in Kehren aufwärts. Bald ist der Bergrücken erreicht und ohne weitere Mühe bringt uns der schmale Weg zu einer Kreuzung. Links hinab führt uns ein kurzer Abstecher zu einem **Mirador** auf atemberaubenden Steilabbrüchen.

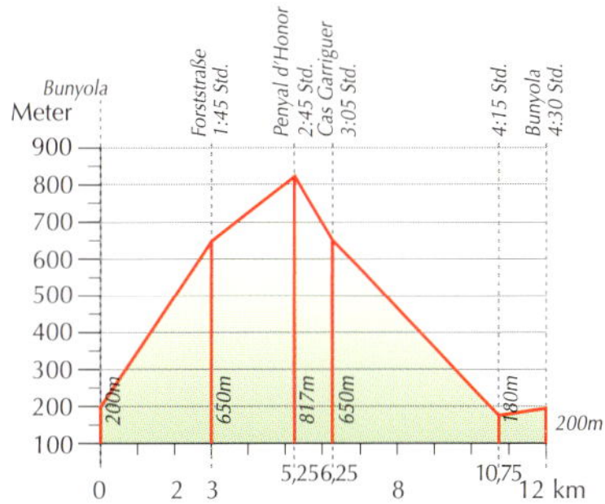

Der Weiterweg führt jedoch auf dem breiten Weg rechts (Wegweiser Camí d'es Grau und Cas Garriguer) zu einer Kreuzung neben einem tiefen Kalkofen. Auf dem breiten Weg links (Wegweiser Cas Garriguer) durch das Tal aufwärts zu einer Wegkreuzung, hier auf dem breiten Weg rechts (Wegweiser Cas Garriguer) an einem Wasserspeicher vorbei zu einer breiten Forststraße. Auf ihr wenige Meter nach links und dann auf der linken Forststraße durch ein Tor (Wegweiser Penyal d'Honor). Wir folgen nun ca. 30 Minuten lang dieser Forststraße. Ehe sie nach einem langen Flachstück wieder stärker ansteigt, biegen wir bei dem Steinmann links auf einen schmalen Steig ab (Wegweiser Penyal d'Honor). Er bringt uns zur Brandwachthütte auf dem Felsgipfel des **Penyal d'Honor** (819 m), der herrliche Nah- und Fernblicke bietet.

Vom Gipfel steigen wir wieder hinab zur Forststraße. Jenseits beginnt ein anfangs schmaler Weg, der uns durch eine Talmulde

Steile Treppengassen führen uns durch Bunyola hinauf in das einsame Waldgebirge.

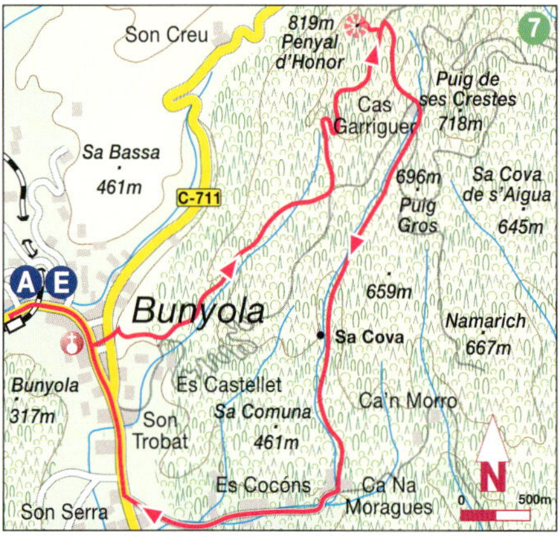

hinab zum Cas Garriguer führt. Wir wandern geradewegs am Picknickplatz und am Forsthaus vorbei und finden nach einem Backofen die Fortsetzung unseres Karrenweges, der weiter durch das Tal abwärts läuft. Nach einem Tor teils im Talgrund, teils in den linken Hängen angenehm durch romantischen Wald abwärts. Danach geht es durch ein Tor in herrliche Mandel- und Olivenhaine, die von steilen Schluchtwänden überragt werden. Ein weiteres Tor entlässt uns aus diesem Garten Eden und ein Pflasterweg führt uns in wenigen Minuten im Grund einer engen Schlucht abwärts zum Höhlenhaus **Sa Cova**.

Der Karrenweg führt uns anschließend durch das Tal, das immer weiter wird, abwärts. An der Kreuzung neben der Finca Es Cocons folgen wir geradewegs der schmalen, bald befestigten Straße. Schnell bleibt eine kleine Siedlung rechts und wir folgen geradewegs dem Sträßchen, das uns am Umspannwerk von Bunyola vorbei zu einer breiten Straße bringt. An ihr entlang geht es rechts hinauf zurück in das Ortszentrum von **Bunyola**.

Das Höhlenhaus Sa Cova schmiegt sich unter überhängende Schluchtwände.

Auf den Burgberg von Alaró

8

Mittelalterliches Kastell über senkrechten Steilwänden: Orient – Pla d'es Pouet – Puig d'Alaró – Orient

Wohl auf keinem anderen Gipfel lässt sich mallorquinische Geschichte so unmittelbar erleben wie auf dem Puig d'Alaró. Hier ragen über uneinnehmbar erscheinenden Steilwänden die gut erhaltenen Reste einer von den Mauren erbauten Burganlage auf. Im späten Mittelalter wurde die Gipfelkirche zu einem viel besuchten Wallfahrtsort.

▶ **Tourencharakter:** Eine einfache Wanderung auf gut ausgebauten Wanderwegen. Zu Beginn führt die Tour durch schöne Olivenhaine und steile Waldhänge, dann auf einem Plattenweg durch die Verteidigungsanlagen auf das Gipfelplateau. Da die Steilabbrüche am Plateaurand nicht gesichert sind, sollte man mit Kindern nicht vom breiten Weg abweichen. Der Puig d'Alaró bietet herrliche Ausblicke auf die Ebenen von Mallorca und die Hochgipfel der Tramuntana.
▶ **Beste Jahreszeit:** Das ganze Jahr über.
▶ **Ausgangs- und Endpunkt:** Der Beginn des Wanderweges bei Kilometer 11,8 der Straße, die Orient mit Alaró verbindet.
▶ **Markierung:** Wegweiser.
▶ **Verkehrsanbindung:** Auf der PM-210 von Bunyola (schmal und kurvig) nach Orient bzw. von Alaró (gut ausgebaut) bis kurz vor Orient. Ca. 1,5 km östlich von Orient beginnt kurz nach dem Hotel Hermitage an einem Metalltor oberhalb der PM-210 der Anstiegsweg. Keine Anfahrtsmöglichkeit mit öffentlichen Verkehrsmitteln.
▶ **Einkehr:** Im Restaurant Castell d'Alaró auf dem Gipfel des Puig d'Alaró.
▶ **Unterkunft:** In Orient oder in sehr einfachen Zimmern im Castell d'Alaró (Tel. 971 18 21 12 oder 971 51 04 80).
▶ **Tourist-Info:** Alaró, Ajuntamento, Plaça d'Ajuntament 17, Tel. 971 50 00 02.

leicht
5 km
2¼ Std.
ja

Der Wegverlauf

Oberhalb der Straße östlich von **Orient** (480 m) steigen wir neben einem Tor über den Zaun (Wegweiser Castello). Links haltend auf dem breiten Weg, der nach einem Tor in einen schmaleren Pfad übergeht, in gleich bleibender Höhe bis kurz vor das Ende des malerischen Olivenhains.

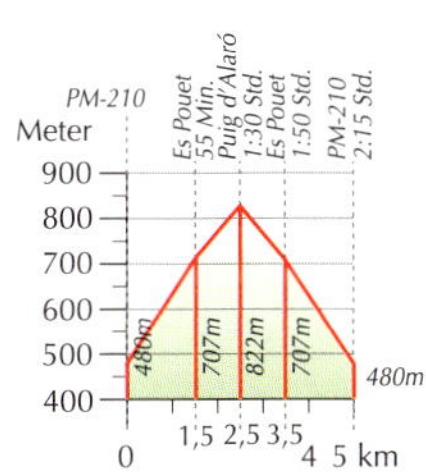

Der Steig führt uns bald steil durch den Wald aufwärts, bis wir auf einen breiten Weg treffen. Auf ihm rechts zum nahen Parkplatz am Bergsattel **Es Pouet** (707 m). Dort links auf dem Pflasterweg im Auf

8

und Ab zu einer Weggabelung unterhalb der Steilwände. Wir halten uns links (Wegweiser Castell d'Alaró) und steigen bald durch die Burgtore hinauf zur Hochfläche. Auf breitem Weg wandern wir hinauf zur Kirche und zum Restaurant auf dem **Puig d'Alaró** (822 m). Der höchste Punkt des Berges liegt wenige Meter links oberhalb.

Abenteuer-Ausflug zur Höhle des St. Antoni (nur für erfahrene Bergsteiger, Absturzgefahr!): Vom höchsten Punkt über die Felsen zur Rückseite des letzten Gebäudes hinab und auf einer von der Erde rot gefärbten Wegspur zu einem ebenen Platz im Kiefernwald. Rechts halten und den Steinmännern folgend durch Wald und über Fels abwärts bis zum südlichen Steilabfall der Hochfläche. Hier biegt der Steig nach rechts und leitet am Rand Schwindel erregender Wände zum alten Wachturm an der Südspitze des Puig d'Alaró. Ca. 20 Meter vor dem Turm findet man die enge Spalte, die in die **Cueva de St. Antoni** führt.

Von den Steilabbrüchen des Puig d'Alaró geht der Blick zum Puig de s'Alcadena.

Nach wenigen Metern um einen Tropfstein nach rechts und zur nahen Höhle des St. Antoni. Da der glitschige Boden der Haupthöhle haltlos in eine senkrechte Steilwand übergeht, sollte man sich mit einem gefahrlosen Blick vom Ende der engen Röhre aus begnügen. Wer den Altar und das von einer Quelle gespeiste Becken errichtete, ist nicht bekannt.

Zurück geht es auf dem bekannten Weg zur

Kirche und durch das Burgtor. An der Wegkreuzung unter den Steilwänden kann man dem Aufstiegsweg nach rechts folgen oder geradewegs einen Abstecher hinab zum Restaurant Es Verger machen, das für köstliche Lammkeulen und Spanferkel gerühmt wird. Von dort geht es auf der staubigen Fahrstraße zurück zum Sattel **Es Pouet**, wo beide Wege wieder zusammentreffen. Auf dem Anstiegsweg wandern wir wieder hinab in das Tal von **Orient**.

Castell d'Alaró

Die Mauren bauten während ihrer Herrschaft über Mallorca den Burgberg von Alaró zur scheinbar uneinnehmbaren Festung aus. Doch 1231 übergab der letzte maurische Kommandant während der christlichen Rückeroberung das Kastell kampflos an König Jaume I. Im Jahre 1285 eroberte König Alfons III. von Aragon Mallorca. Die Verteidiger des Castell d'Alaró hielten jedoch dem alten Herrscher Jaume II. die Treue. Nach der verlustreichen Belagerung ließ Alfons als Rache die beiden Burgkommandanten bei lebendigem Leibe auf einem Rost braten.

Die Gipfelkapelle, in der die beiden Männer seither als Symbol mallorquinischer Unabhängigkeit verehrt werden, wurde zum Ziel einer beliebten Wallfahrt.

9 Son Morroig, Sa Foradada und der »Verlorene Weg«

Vom Herzogsgut zum einsamen Fischerdorf: Son Morroig – Sa Foradada – S'Estaca – Sa Foradada – Son Morroig

Tief unter dem herrlich gelegenen Landgut Son Morroig sticht die Halbinsel Sa Foradada, die Durchlöcherte, ins Meer, die ihren Namen einem auffälligen Felsfenster verdankt. Von dort führt der »Verlorene Weg«, den die Brandung großteils weggespült hat, zum Fischerdorf S'Estaca, das sich malerisch in eine Felsbucht schmiegt.

mittel

13 km

4¾ Std.

ja

▶ **Tourencharakter:** Einfacher, jedoch im Wiederanstieg anstrengender Weg zur Halbinsel Sa Foradada. Nur dieser Wegabschnitt ist für Kinder gut geeignet. Die Strecke nach S'Estaca führt teils weglos an der bröckelnden Küste entlang und sollte nur von erfahrenen Wanderern bei trockenen Wetterverhältnissen unternommen werden. Bademöglichkeiten an der Halbinsel und auf dem »Verlorenen Weg«. Vor dem Abstieg zur Küste muss eine Eintrittskarte für das Herrenhaus Son Morroig gekauft werden, die die Erlaubnis zum Begehen der Privatwege beinhaltet.

▶ **Beste Jahreszeit:** Frühjahr und Herbst.

▶ **Ausgangs- und Endpunkt:** Das Herrenhaus Son Morroig.

▶ **Markierung:** Teils Steinmänner.

▶ **Verkehrsanbindung:** Von Valldemossa bzw. Sóller auf der Küstenstraße C-710 zum Parkplatz am Herrenhaus Son Morroig. In Son Morroig Haltestelle der Busse, die zwischen Sóller und Valldemossa verkehren.

▶ **Einkehr:** Im Restaurant Mirador de Na Foradada nahe dem Herrenhaus Son Morroig.

▶ **Unterkunft:** Am besten in Valldemossa, Deià oder Sóller.

Der Wegverlauf

Vom Parkplatz gehen wir zum nahen Herrenhaus **Son Morroig** und kaufen eine Eintrittskarte. Vor dem Herrenhaus anschließend nicht links zum Parkplatz, sondern auf der Teerstraße rechts aufwärts.

Nach ca. 100 Metern hilft uns neben einem Tor eine Metallleiter über die Mauer. Auf dem Feldweg abwärts und an einer beschilderten Weggabelung rechts zu einem Mirador am Rand der Steilabbrüche. Jetzt führt die breite Schotterstraße in teils weiten Serpentinen hinab zur Küste.

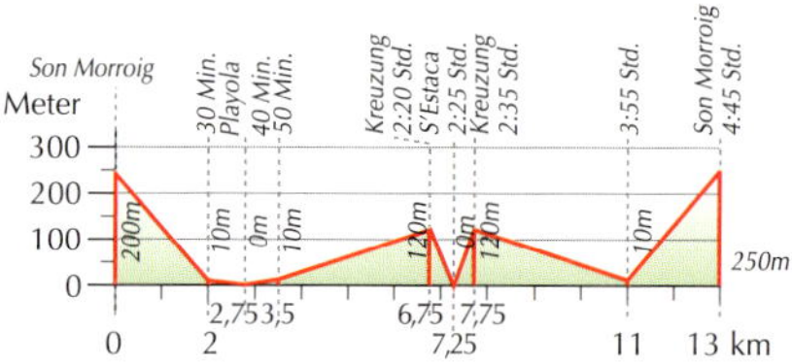

Auf die Halbinsel Sa Foradada: Geradeaus führt an der rechten Seite der Halbinsel, die sich als bewaldeter Felsrücken ins Meer schiebt, ein breiter Weg entlang und knickt vor ihrem felsigen Ende links zur kleinen Badebucht Playola. Dort ankern oft mondäne Yachten und im Sommer ist ein kleines Restaurant geöffnet.

Auf dem »Verlorenen Weg« (Camí pérdua) nach S'Estaca: Nach dem Abstieg von Son Morroig an der Küste nicht geradewegs auf die Halbinsel, sondern auf anfangs breitem Weg links an der Küste entlang. Nach wenigen Minuten erreichen wir das Ende des Weges, der hier zur Küste abgestürzt ist. Kurz zuvor können wir auf schmaler Spur zur nahen Küste hinabsteigen. Geleitet von zahlreichen Steinmännern, klettern wir nun über große und kleine Felsblöcke an der Küste entlang.

An einem Landvorsprung können wir wieder für ein kurzes Stück auf den Resten des alten Weges wandern. Am nächsten Landvorsprung, vor dem einige Felsen im Meer liegen, heißt es wieder, sich einen Weg durch wildes Blockgewirr zu suchen.

Erzherzog Ludwig Salvator

Von 1866 bis zu seinem Tod im Jahre 1915 lebte der Habsburger Erzherzog Ludwig Salvator, ein Cousin des österreichischen Kaisers Franz Joseph, auf Mallorca. Fernab des Wiener Hofes konnte der Kosmopolit, der über ein Dutzend Sprachen beherrschte, das Leben nach seinen Vorstellungen gestalten. Der bis heute auf Mallorca verehrte Arxiduc Lluís Salvador setzte sich für den Erhalt der mallorquinischen Kultur und Natur ein und verfasste ein fünfbändiges Werk über die Insel. Er erwarb auf Mallorca ausgedehnte Ländereien und ließ atemberaubende Reitwege anlegen (siehe Tour 5).

Der »Verlorene Weg« führt uns an der einsamen, wild zerrissenen Küste entlang.

Bald geht es um einen dritten Landvorsprung und anschließend um eine kleine Bucht. Jetzt noch kurz an der Küste entlang, bis große, auffallend helle Felsblöcke den Weiterweg versperren. Ca. 50 Meter zuvor steigen wir links kurz den Hang hinauf zu einer Stützmauer und weiter zu einer zweiten, auf der ein deutlicher Weg verläuft.

Auf ihm links aufwärts bis zu einem Köhlerplatz. Der Weg schwenkt nach rechts und leitet uns teils verwachsen, aber immer gut kenntlich durch den Wald und über Terrassenfelder zu einer Kreuzung.

Wir folgen einer Betonpiste rechts abwärts und wechseln in der ersten Kehre geradewegs auf einen schmalen Weg, der uns durch den Steilhang zur malerischen Siedlung hinabbringt. Nach einem schmalen Holzgatter beginnt der enge Treppenweg, der sich zwischen den an den Fels geklebten Häusern von **S'Estaca** abwärts schlängelt.

Eine kleine Felsinsel schützt den winzigen Hafen des ehemaligen Fischerdorfes, das heute nur noch als Wochenendsiedlung dient. Nach einer Rast marschieren wir auf dem »Verlorenen Weg« wieder zurück nach **Son Morroig**.

Von Deià nach Port de Sóller

10

Malerische Dörfer an der Küste: Deià – Cala Deià – Llucalcari – Finca Son Mico – Finca Muleta Gran – Port de Sóller

Vom herrlich gelegenen Künstlerdorf Deià führt uns diese Tour hinab zur Küste, ehe uns ein Anstieg über das malerische Dörfchen Llucalcari hinauf zum alten, Camí Castelló genannten Verbindungsweg zwischen Deià und Sóller führt. Wir folgen dem aussichtsreichen Weg, bis wir durch stille Landschaft zur weiten Bucht von Port de Sóller hinabwandern.

▶ **Tourencharakter:** Eine lange, jedoch einfache Wanderung auf Wirtschaftswegen und schmalen Wanderpfaden, die Ausblicke auf malerische Küstendörfer und auf den weiten Talkessel von Sóller bietet. Nach der Cala Deià ein schmaler Küstensteig, auf dem man mit Kindern besonders vorsichtig sein sollte. Will man die Tour in Sóller beenden, kann man ab der Finca Son Mico einem gut ausgeschilderten Wanderweg direkt nach Sóller folgen.
▶ **Beste Jahreszeit:** Das ganze Jahr über.
▶ **Ausgangspunkt:** Die Bushaltestelle an der Durchgangsstraße in Deià.
▶ **Endpunkt:** Die Bucht von Port de Sóller.
▶ **Markierung:** Wegweiser und Farbmarkierungen.
▶ **Verkehrsanbindung:** Deià liegt an der Küstenstraße C-710 zwischen Sóller und Valldemossa. Ideal ist die Anfahrt mit dem Auto, wenn zwei Fahrzeuge vorhanden sind, die am Ausgangs- und am Endpunkt abgestellt werden können. In Deià Haltestelle der Buslinie von Port de Sóller und Sóller nach Valldemossa und Palma. In Port de Sóller liegt die Abfahrtsstelle der Busse in einer Nebenstraße an der Hafenbucht. Während der Wandersaison sind die Busse oftmals überlastet, dann am besten zusammen mit anderen Fahrgästen ein Taxi nehmen (Taxistand in der Nähe Richtung Hafen). Geht man die Tour in umgekehrter Richtung an, kann man in Deià vor überfüllten Bussen stehen. Hier gibt es allerdings keinen Taxistand.
▶ **Einkehr:** In Deià, Cala Deià, Finca Son Mico und Port de Sóller.
▶ **Unterkunft:** In Port de Sóller, Sóller und Deià.
▶ **Tourist-Info:** O.I.T. Municipal Port de Sóller, C. Canonge Oliver 10, Tel. 971 63 30 42; O.I.T. Municipal de Sóller, Plaça Espanya, Tel. 971 63 80 08.

mittel

12 km

4½ Std.

ja

Der Wegverlauf

Nahe der Bushaltestelle in **Deià** (190 m) biegt man von der Hauptstraße in den Calle del Porcho ab (Wegweiser zur Kirche und zum Museum), der sich durch den alten Ortskern zur Plaça dela Iglesia hinaufschlängelt. Mit wenigen Schritten sind die auf einem aussichtsreichen Hügel errichtete Kirche und der malerische Friedhof erreicht. Zwischen der Plaça dela Iglesia und einer mit alten Kanonen bestückten Plattform führt uns der Calle Ramon Llull wieder durch das Dorf abwärts bis zu einer Querstraße

10

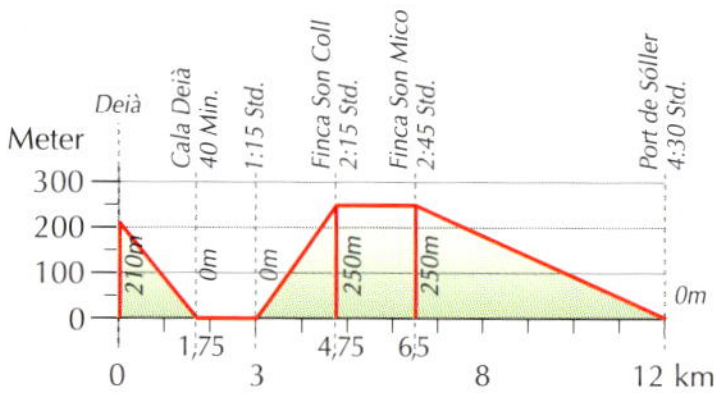

an seinem Ende. Hier rechts auf dem Treppenweg Carrer Costa d'en Topa abwärts zum asphaltierten Carrer es Clot, dem wir nach rechts folgen. Er führt uns auf der linken Seite des Baches abwärts zum Dorfrand. Neben einem alten Waschhaus geradewegs auf einen Kiesweg, der nach kurzer Strecke in einen schmalen Wanderweg übergeht (Wegweiser Cala Deià). Wir queren oberhalb einer Schlucht den Hang und folgen dann den roten Markierungen, die uns durch einen Olivenhain hinab zu einem Pflasterweg leiten. Nach einem Brückchen auf der Teerstraße nach links und am Ende der Parkplätze auf einem Kiesweg geradeaus zur nahen **Cala Deià**.

Von der malerischen Bucht kurz aufwärts, bis links ein Treppenweg steil zu einer Wegkreuzung hinaufführt. Wir halten uns links, queren die Hänge über der Bucht und erreichen nach einem Haus die Klippen am nächsten Landvorsprung. Der Weg teilt sich für ein kurzes Stück in mehrere Spuren auf, folgt aber bis zu dem Haus, an dem der Aufstiegsweg nach Llucalcari beginnt, immer der Küste. Bald wird bei einigen Felsen mit Hilfe eines Stahlseils und einer Holzleiter unschwer ein kleiner Torrente gequert. Entlang der Küste führt der Weg anschließend zu einem Picknickplatz. Von dort auf schmaler Spur an einer hohen Mauer entlang kurz aufwärts und dann über zwei Zäune zu einem weiteren Picknickplatz, der links bleibt. Jetzt geradewegs weiter über eine bewaldete Ebene und auf

10

deutlichem Weg rechts an einer mit Steinmauern eingefassten Wiese vorbei. Kurz darauf liegen unter uns im Meer mehrere große Felsen. Wir überqueren eine eingestürzte Steinmauer und wandern geradewegs unter Pinien zu einem großen Gebäude, das vor uns im Wald auftaucht. Dort treffen wir auf einen Treppenweg, der uns rechts durch Wald und Gärten aufwärts ins malerische **Llucalcari** führt.

Auf einer schmalen Teerstraße links aufwärts aus dem Ort und nach ca. 150 Metern links in den schmalen Treppenweg Camí Vell, der uns zur viel befahrenen Küstenstraße C-710 hinaufführt. Gegenüber zwischen Steinsäulen auf eine schmale Teerstraße, der wir in mehreren Serpentinen aufwärts bis kurz vor das Haus »Sa Partió« folgen. Scharf rechts auf ein Sträßchen, das durch zwei Torsäulen führt. Auf ihm aufwärts, bis es kurz vor seinem höchsten Punkt nach links schwenkt. Hier finden wir rechts einen mit Steinmännern markierten schmalen Steig, der sich zwischen Felsblöcken zum nahen Camí de Castelló hinaufwindet. Auf dem alten Verbindungsweg von Sóller nach Deià wandern wir links aufwärts zur **Finca Son Coll** (250 m) und von dort geradewegs abwärts bis kurz vor eine Straße. Wir halten uns rechts, folgen weiter dem nach Sóller ausgeschilderten Stufenweg und überqueren nach einem kurzen Anstieg eine schmale Teerstraße. Im Auf und Ab

Von der Cala Deià wandern wir an der Felsküste entlang nach Llucalcari.

10

durch die Waldhänge, zum Schluss entlang einer Trockenmauer durch einen Olivenhain und rechts an einem Dreschplatz vorbei zu einem Wirtschaftsweg, dem wir rechts abwärts zur mächtigen **Finca Son Mico** (250 m) folgen. Auf der Terrasse kann man sich einen frisch gepressten Orangensaft schmecken lassen.

Von der Finca gehen wir kurz abwärts zur nahen **Capella de Castelló**. Hier muss man sich für eine Wegalternative entscheiden. Geradeaus führt der gut ausgeschilderte Camí de Castelló nach Sóller. Wir wenden uns an der Kapelle jedoch nach links und wandern auf einem Wirtschaftsweg hinab zur C-710. Auf ihr 200 Meter nach links und in einer Kehre geradewegs auf eine geteerte Nebenstraße, die uns anfangs sanft abwärts und dann ansteigend zu einer Kreuzung führt. Auf der Kiesstraße nach rechts, vorbei am Herrenhaus Son Augustinus, an einer ersten Gabelung nach rechts und wenig später an der zweiten nach links. Auf der Sandstraße wandern wir durch Olivenhaine bis zu einer Wegkreuzung nahe der wehrhaften **Finca Muleta Gran**. Wir gehen geradeaus (Wegweiser Porto de Sóller) und nach wenigen Metern rechts über ein Viehgitter auf einen neu angelegten Wanderweg, der im Bogen um die mächtige Finca herumführt.

Nach einem weiteren Viehgitter treffen wir auf ein Weglein, das uns links (Wegweiser Porto de Sóller) nach einem Gatter zu einem Olivenhain mit alten, knorrig verwachsenen Bäumen leitet. Hinter einem weiteren Gatter schlängelt sich die markierte Wegspur durch einen Olivenhain abwärts, geht nach einer felsigen Passage in einen alten Pflasterweg über und führt uns nach einem Bachbett zu einer Wegkreuzung nahe einer Finca. Wir halten uns rechts (Porto de Sóller und Sóller) und folgen dem alten Weg, der uns durch bewaldete Hänge und einen Olivenhain zum verfallenen Hotel Rocamar hinabbringt. Nach dem Hotel kurz links abwärts und zwischen den Gebäuden hindurch zur nahen Teerstraße. Auf ihr wandern wir links zur Bucht von **Port de Sóller**.

Über das malerische Dörfchen Llucalcari geht der Blick zurück zur Cala Deià.

Zur Cala Tuent

11

Die klassische Küstentour: Mirador de ses Barques – Finca Bàlitx d'Avall – Coll de Biniamar – Cala Tuent

Der erste Teil der Wanderung führt abseits der Küste durch das beschauliche Bauernland der Bàlitx-Fincas, das seit den Zeiten der Mauren kultiviert wurde. Vor dem einzigen längeren Anstieg kann man sich in der Finca Bàlitx d'Avall mit einem Orangensaft stärken, ehe man als Höhepunkt und Abschluss der Tour dem grandiosen Küstenweg zur Cala Tuent folgt.

▶ **Tourencharakter:** Eine einfache Wanderung auf Schotterstraßen und schmalen Wanderwegen. Zu Beginn führt die Tour durch stilles Bauernland und folgt in der zweiten Hälfte einem herrlichen Küstenweg, der berauschend schöne Ausblicke bietet. Am Endpunkt in der Bucht von Cala Tuent gute Bademöglichkeit.
▶ **Beste Jahreszeit:** Frühjahr bis Herbst.
▶ **Ausgangspunkt:** Der Parkplatz am Mirador de ses Barques.
▶ **Endpunkt:** Die Bootsanlegestelle in der Cala Tuent.
▶ **Markierung:** Wegweiser und Farbmarkierungen.
▶ **Verkehrsanbindung:** Der Mirador de ses Barques liegt oberhalb von Sóller an der C-710 in Richtung Lluc. Am Mirador Haltestelle der Buslinie von Port de Sóller (Abfahrt in einer Seitenstraße nahe der Hafenbucht) und Sóller nach Lluc und Pollença. Die Busse sind in der Wandersaison oftmals überlastet und können nicht alle Fahrgäste mitnehmen. Dann am besten mit anderen Wanderern am Taxistand an der nahen Bucht gemeinsam ein Taxi nehmen. Die Rückfahrt von der Cala Tuent nach Port de Sóller erfolgt mit dem Schiff. Unbedingt vor der Wanderung an der Verkaufsstelle im Hafen von Port de Sóller ein Ticket kaufen und die aktuellen Abfahrtszeiten in der Cala Tuent erfragen. Bei hohem Wellengang kann die Anlegestelle in der Cala Tuent nicht angelaufen werden!
▶ **Einkehr:** In der Finca Bàlitx d'Avall und in Cala Tuent.
▶ **Unterkunft:** In Sóller oder Port de Sóller.
▶ **Tourist-Info:** O.I.T. Municipal Port de Sóller, C. Canonge Oliver 10, Tel. 971 63 30 42; O.I.T. Municipal de Sóller, Plaça Espanya, Tel. 971 63 80 08.

mittel

km 9,5 km

3¾ Std.

ja

Der Wegverlauf

Am Parkplatz am **Mirador de ses Barques** (390 m) beginnt rechts ein Treppenweg (Wegweiser Tuent, Sa Costera und Bàlitx), der uns nach einem kurzen Anstieg zu einem Wirtschaftsweg bringt. Auf ihm links zwischen Steinmauern durch die Olivenhaine und nach einem Metalltor auf aussichtsreichem Weg geradeaus weiter. Wir stoßen wieder auf einen Fahrweg, dem wir nach rechts (Wegweiser Tuent) zu einer Kreuzung kurz vor der **Finca Bàlitx de Dalt** folgen. Wir halten uns rechts (Wegweiser Tuent) und verlassen durch ein Tor das Gelände der Finca. Bald leitet uns die

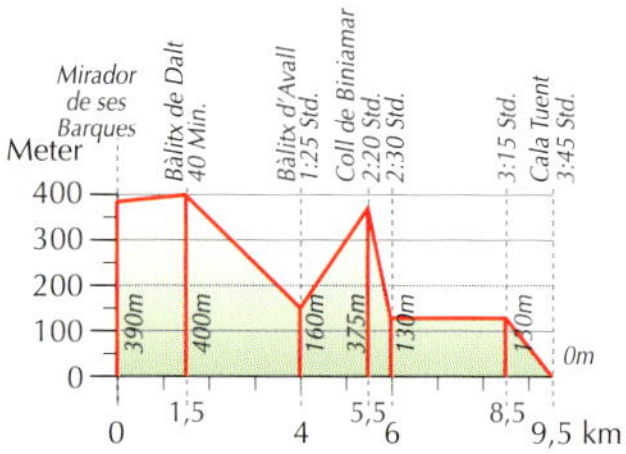

Schotterstraße abwärts in das Tal von Bàlitx. An einer ersten Kehre wechseln wir geradeaus auf einen alten Pflasterweg, der bei einem Wasserbecken nach links knickt und kurz vor der verfallenen **Finca Bàlitx d'en Mig** wieder auf die Fahrstraße trifft. Auf ihr an der Finca vorbei und sanft abwärts bis kurz vor ein Haus. An der Weggabelung nach links und nach wenigen Metern rechts auf den alten, nach Bàlitx d'Avall ausgeschilderten Weg. Auf ihm durch Olivenhaine und Wald abwärts, bis man wieder auf den Fahrweg trifft. Links zur nahen **Finca Bàlitx d'Avall** (160 m), die mit schattigen Sitzplätzen und frischem Orangensaft zu einer Rast einlädt.

Unser Weiterweg führt vor der Finca rechts zum Bachbett hinab (Wegweiser Tuent) und dann auf einem Wirtschaftsweg durch einen Olivenhain aufwärts. Vor einem Mauerdurchlass wechseln wir rechts auf einen beschilderten Wanderweg. Nach wenigen Minuten vor einer weiteren Maueröffnung wieder nach rechts und auf dem Pflasterweg ein Stück höher aus dem ummauerten Gelände. Wir treffen auf einen Fahrweg, der uns zum **Coll de Biniamar** (375 m) hinaufführt. Auf ihm jenseits bergab, wobei einige Kehren auf dem alten Weg abgekürzt werden können. Bald geht es dann wieder auf dem Fahrsträßchen abwärts, bis wir rechts auf einen Wanderweg wechseln können (Wegweiser Tuent). Der herrliche, teils gepflasterte Panoramaweg quert unterhalb steiler Felswände

Durch Olivenhaine wandern wir auf den markanten Einschnitt des Coll de Biniamar zu.

11

im Auf und Ab den Hang. Am tiefsten Punkt des Weges zweigt links ein Pfad zu einem alten, an der Küste gelegenen Kraftwerk und zur Font es Verger ab. Wir wandern jedoch auf dem Weg geradeaus Richtung Tuent weiter. Nach und nach steigt der Pfad zum Bergrücken an, der uns noch von der Cala Tuent trennt. Oben angekommen, geht es geradewegs durch eine Mauer und auf einem Waldweg zu einer breiten Schotterstraße, die wir nahe der ersten Häuser von Cala Tuent erreichen. Auf ihr 50 Meter nach links und erneut links auf die Fortsetzung des alten Pflasterweges (Wegweiser Tuent). Nach fünf Minuten stoßen wir auf eine weitere Schotterpiste, auf der wir 100 Meter nach rechts gehen. Links unterhalb beginnen zwei Wanderwege. Wir folgen dem Weg nach links (Wegweiser Tuent und Es Vergeret), queren bald einen Weg und treffen wenige Meter weiter wieder auf eine Schotterstraße. Auf ihr kurz nach links, dann rechts, vorbei an einem Haus, auf einem Treppenweg abwärts zum nahen **Restaurant es Vergeret**. Am Beginn des Parkplatzes rechts einen versteckten Weg abwärts, über die schmale Teerstraße und auf dem Fußweg abwärts zur **Cala Tuent**. Am Strand entlang wandern wir zum Fähranleger auf der gegenüberliegenden Seite der Bucht.

Der letzte Wegabschnitt führt hoch über der malerischen Küste zur Cala Tuent.

12 Durch den Barranc de Biniaraix

Bergab auf altem Pilgerweg: Cúber-Stausee – Coll de L'Ofre – Barranc de Biniaraix – Biniaraix – Sóller

Von Sóller lief einst ein Wallfahrtsweg durch das einsame Bergland der Tramuntana zum Kloster Lluc. Der Teil des Weges, der durch die wilde Schlucht des Barranc de Biniaraix führt, wurde renoviert und zeugt heute wieder von der alten mallorquinischen Wegbaukunst. So können wir vom wilden Bergland am Fuß des Puig Major auf herrlichem Weg in den fruchtbaren Talkessel von Sóller hinabwandern.

mittel

11,5 km

3¾ Std.

ja

▶ **Tourencharakter:** Abgesehen von einem harmlosen Anstieg zu Beginn führt die Tour durchweg bergab. Anfangs großteils auf breiten Wirtschaftswegen, dann auf renoviertem, mit Steinplatten belegtem Weg abwärts durch den wilden Barranc de Biniaraix. Zum Abschluss durch die blühenden Gärten rund um Sóller. Der mühsame Abstecher auf den Es Cornador wird mit atemberaubenden Tiefblicken in den Talkessel von Sóller belohnt.
▶ **Beste Jahreszeit:** Frühjahr bis Herbst.
▶ **Ausgangspunkt:** Der Parkplatz am Cúber-Stausee.
▶ **Endpunkt:** Das Ortszentrum von Sóller.
▶ **Markierung:** Wegweiser und Farbmarkierungen.
▶ **Verkehrsanbindung:** Der Cúber-Stausee liegt zwischen Sóller und Lluc an der C-710. Die Anfahrt mit eigenem Fahrzeug ist nur empfehlenswert, wenn man ein zweites Fahrzeug in Biniaraix oder Sóller zur Verfügung hat. Die Busse der Linie von Port de Sóller und Sóller nach Lluc und Pollença halten bei Bedarf am Ausgangspunkt der Tour am Cúber-Stausee.
▶ **Einkehr:** In Biniaraix und Sóller.
▶ **Unterkunft:** In Sóller und Port de Sóller.
▶ **Tourist-Info:** O.I.T. Municipal Port de Sóller, C. Canonge Oliver 10, Tel. 971 63 30 42; O.I.T. Municipal de Sóller, Plaça Espanya, Tel. 971 63 80 08.

Der Wegverlauf

Am **Parkplatz** gehen wir durch ein Tor (Wegweiser Biniaraix und Barranc de Biniaraix) und folgen der Teerstraße, die am Ostufer des **Cúber-Stausees** (750 m) verläuft. An der Südspitze des Sees rechts über die Staumauer und bald auf einer Schotterstraße durch das weite Bergtal sanft aufwärts bis kurz vor der **Finca Bini Morat**. Hier wechseln wir rechts auf einen Wanderweg (Wegweiser Biniaraix), der uns zum nahen **Coll de L'Ofre** (890 m) hinaufführt. Vom Pass ist ein Abstecher auf den L'Ofre möglich (siehe Tour 13). Jenseits kurz auf der Schotterstraße abwärts, dann rechts auf einen mit Pfeilen gekennzeichneten Steig, der bald

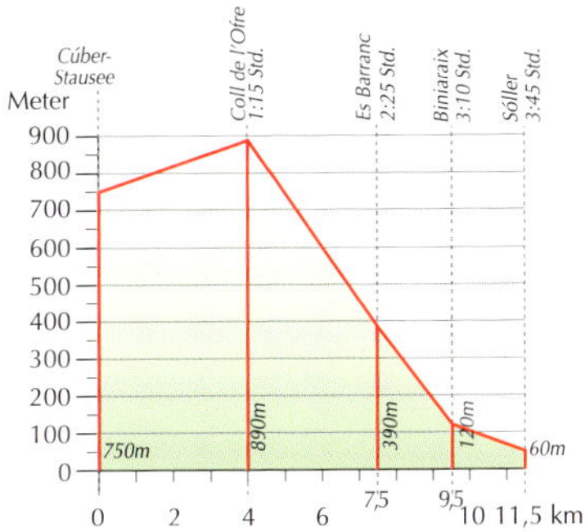

wieder auf die Straße trifft. Auf ihr wandern wir abwärts bis kurz vor die **Finca L'Ofre** und wechseln nach einem Aussichtsplatz an einer Kehre rechts auf den alten Weg durch den **Barranc de Biniaraix** (Wegweiser Biniaraix und Es Cornador). Auf dem steinigen Weglein bergab in das Bachtal und nach kurzer Strecke zu einem Abzweig nahe eines Wasserbeckens.

Am Fuße wilder Felsberge liegt inmitten fruchbarer Obstgärten das Dorf Biniaraix.

Abstecher auf den Es Cornador (zusätzlich 1 1/2 Std.): Vom Hauptweg links über den Bach (Wegweiser Es Cornador und Mirador de'n Quesada) und auf anfangs schmalem Steig in Kehren durch den Hang aufwärts. Der steinige Steig führt uns rechts haltend zu einem Sattel über dem tief eingeschnittenen Barranc, schwenkt dann nach links und läuft an einem markanten Felsturm vorbei. In zahlreichen Kehren steigen wir nun zu einem Bergkamm auf, auf dem der Weg nach rechts schwenkt. In Serpentinen geht es, vorbei an einer Unterstandshütte, zum großen Steinmann auf dem Gipfel des **Es Cornador** (955 m). Jenseits kann man ein kurzes Stück absteigen und vom Rand der senk-

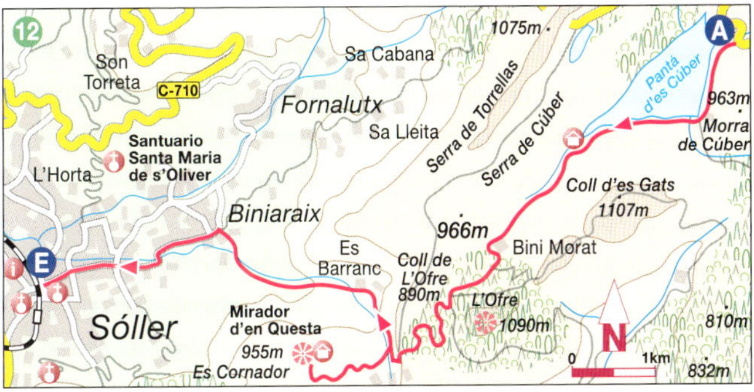

12

recht abfallenden Wände die grandiose Aussicht genießen. Nach der Gipfelrast steigen wir auf dem Anstiegsweg wieder zum Weg durch den Barranc de Biniaraix ab.

Der nach Biniaraix ausgeschilderte Hauptweg läuft in gleich bleibender Höhe oberhalb der Schlucht durch den Hang. Nach einem grünen Gatter erreichen wir den aufwändig renovierten Pflasterweg, der sich in zahlreichen Kehren durch die Steilflanke des **Barranc de Biniaraix** abwärts windet. Nach unten hin wird die Felswildnis von alten Terrassenkulturen abgelöst, auf denen knorrige Olivenbäume ihre silbrig schimmernden Blätter in den Himmel recken.

Nach den Häusern von **Es Barranc** wird der Bach gequert und kurz darauf wandern wir durch die engste Stelle der Schlucht. Bald weitet sich das Tal, der Weg wechselt auf die rechte Seite des Baches und führt uns durch duftende Obstgärten zum Waschhaus am Ortsrand von **Biniaraix** (120 m). Wir gehen links durch das Dorf (Wegweiser Sóller) und folgen am unteren Dorfrand einem gepflasterten Sträßchen abwärts. Es bringt uns zur Teerstraße, die uns nach drei Kilometern in das Stadtzentrum von **Sóller** (60 m) führt.

Sóller

Schon Phönizier, Griechen und Römer siedelten im weiten Talbecken von Sóller, das in der weit geschwungenen Bucht von Port de Sóller den einzigen sicheren Hafen an der mallorquinischen Nordküste besitzt. Die Mauren verwandelten den Talboden mit Hilfe ausgeklügelter Bewässerungstechnik in den blühenden Garten »Horta de Sóller«, und von ihrer Ortsbezeichnung Suliar, das Tal des Goldes, leitet sich der Name der Stadt ab.

Die Produktion an Zitrusfrüchten, Feigen und Mandeln sicherte bis ins 20. Jahrhundert den Wohlstand der Stadt. 1912 wurde das von hohen Bergen umschlossene Tal durch den Bau der Eisenbahnlinie, auf der heute der historische Zug »Roter Blitz« verkehrt, an das restliche Mallorca angeschlossen. Bis heute bestimmt der Obstanbau das Bild im Tal von Sóller, doch mit seiner großen Auswahl an Unterkünften und den guten Verkehrsanbindungen haben sich Sóller und das mit einer nostalgischen Trambahn erreichbare Port de Sóller zum Tourismuszentrum in der Sierra Tramuntana entwickelt.

Über dem Cúber-Stausee

13

Einsame Berge im Herzen der Serra Tramuntana: Cúber-Stausee – L'Ofre – Puig de Sa Rateta – Cúber-Stausee

Das Tal, das vom Cúber-Stausee nach Südwesten zum Barranc de Biniaraix zieht (Tour 12), wird an seiner Südseite von dem mächtigen Bergkamm begrenzt, über den diese Tour führt. Während der kegelförmige L'Ofre noch häufiger bestiegen wird, kann man die herrliche Aussicht vom Puig de Sa Rateta meist alleine genießen.

▶ **Tourencharakter:** Bis zum L'Ofre eine mittelschwere Wanderung auf Wirtschaftswegen und schmalen Bergpfaden, dann in teils weglosem Gelände zum einsamen Puig de Sa Rateta. Vor allem der steile Schlussabstieg verlangt etwas Orientierungssinn und sollte nur bei guten Sichtverhältnissen angegangen werden.
Die Tour bietet herrliche Nah- und Fernblicke über die zentrale Serra de Tramuntana.
▶ **Beste Jahreszeit:** Frühjahr bis Herbst.
▶ **Ausgangs- und Endpunkt:** Der Parkplatz am nordöstlichen Ufer des Cúber-Stausees.
▶ **Markierung:** Farbmarkierungen und Steinmänner.
▶ **Verkehrsanbindung:** Der Cúber-Stausee liegt zwischen Sóller und Lluc an der C-710. Die Busse der Linie von Port de Sóller und Sóller nach Lluc und Pollença halten bei Bedarf am Ausgangspunkt der Tour am Cúber-Stausee.
▶ **Einkehr:** Keine.
▶ **Unterkunft:** Am besten in Sóller und Port de Sóller.
▶ **Tourist-Info:** O.I.T. Municipal Port de Sóller, C. Canonge Oliver 10, Tel. 971 63 30 42;
O.I.T. Municipal de Sóller, Plaça Espanya, Tel. 971 63 80 08.

anspr.
9,5 km
3¾ Std.

Der Wegverlauf

Am Parkplatz gehen wir durch ein Tor (Wegweiser Biniaraix und Barranc de Biniaraix) und folgen der Teerstraße, die am Ostufer des **Cúber-Stausees** verläuft. An der Südspitze des Sees rechts über die Staumauer und auf der Schotterstraße durch ein weites Bergtal sanft aufwärts bis kurz vor die Finca Bini Morat. Hier wechseln wir rechts auf einen Wanderweg (Wegweiser Biniaraix), der uns zum nahen **Coll de L'Ofre** hinaufführt. Jenseits auf der Kiesstraße ca. 100 Meter abwärts und nach einer verfallenen Mauer links auf die Forststraße. Auf ihr durch die bewaldete Westflanke des L'Ofre in ca. 20 Minuten zum

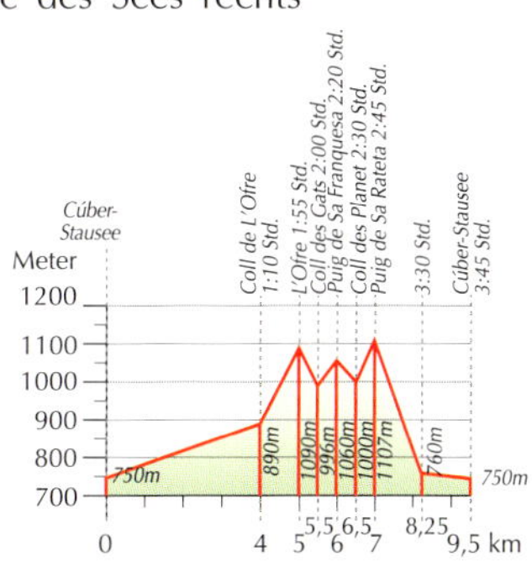

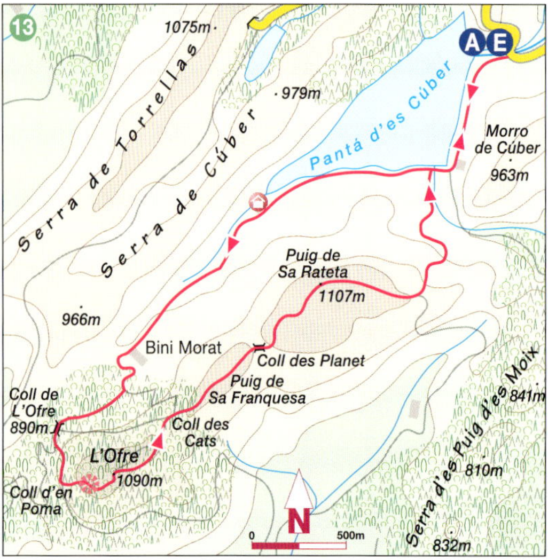

Coll d'en Poma, von dem ein felsiger Bergrücken nach rechts zieht. Wenige Meter hinter einer Trockenmauer links auf den breiten, blau markierten Weg und nach kurzer Strecke geradewegs auf schmalem Steig an der Trockenmauer entlang aufwärts. Der Steig windet sich nun durch den zunehmend steileren, felsdurchsetzten Waldhang nach oben und schwenkt vor den Gipfelfelsen nach rechts. An einem Felsturm mit der Aufschrift »Ofre« halten wir uns links und steigen über Felsstufen aufwärts zum Bergkamm und weiter zur Gipfelfläche des L'Ofre, von der sich uns eine fantastische Rundumsicht bietet.

Vom Gipfel steigen wir wieder zum mit »Ofre« beschrifteten Felsturm ab, halten uns links und folgen dem von kurzen Felsabsätzen unterbrochenen Nordostkamm des L'Ofre hinab zum **Coll des Gats**. Bei einfallendem Schlechtwetter kann man von hier links über Wiesen und durch Wald zum Coll de L'Ofre absteigen. Wir steigen jedoch auf Wegspuren durch die gut gestufte Felsflanke vor uns geradewegs zu einer einsamen Steineiche empor und dann leicht rechts haltend zu einer Lücke in einer hohen Mauer. Wir behalten die Richtung bei und wandern an einigen Eichen vorbei zum Steinmann auf dem Gipfel des **Puig de Sa Franquesa**. Jenseits folgen wir kurz dem Bergkamm, bis wir einen felsigen Aufschwung rechts umgehen. Steinmänner weisen uns an einigen Bäumen vorbei den Weg abwärts über Felsplatten. Wir überqueren einen Felsschlund und können dann, bevor der Hang steil abfällt, links zu einer Wiese im **Coll des Planet** hinüberqueren. Vom Pass auf deutlichem Steig an einer Steinmauer entlang aufwärts, danach rechts zu einem einzeln stehenden Bäumchen und über Schutt rechts neben dem Felskamm steil

13

bergan. Die Steigung nimmt bald ab, und nachdem der Felsgrat zur Linken ausläuft, wandern wir links haltend (nicht geradeaus zu einem Steinmann auf einem Nebengipfel!) über harmlose Felsplatten zum großen Steinmann auf dem aussichtsreichen Gipfel des **Puig de Sa Rateta**.

Vom Gipfel folgen wir, geleitet von einigen Steinmännern, wenige Meter dem Bergkamm nach Nordosten, bis unter uns ein breiter Schutthang abfällt. Durch ihn steigen wir rechts haltend abwärts zu einem flachen Felskopf an der rechten Seite des Tales. Rechts an ihm vorbei und dann in einen Sattel mit einem großen Steinmann, von dem ein steil abfallendes, an der rechten Seite von senkrechten Wänden begrenztes Tal abwärts läuft. Den Steinmännern folgend anfangs weglos durch dieses Tal hinab. Bald auf steilem, steinigem Steig nahe der linken Felsbegrenzung des Tales abwärts, bis man zum ersten Mal wieder links zum Cúber-Stausee hinüberblicken kann. Der Felskamm zur Linken setzt aus und wir gehen links zu einem Steinmann an einer auffälligen Kiefer. Von dort unter Steilwänden zu einer Rinne, in ihr abwärts zu einem Geröllfeld und an seinem linken Rand hinab zu zwei Steineichen. Links über eine Steinmauer und dann sanft abwärts im Bogen um eine Mulde zu einem von flachen Felsplatten gebildeten Hügel, von dem wir in gleich bleibender Richtung weglos zur nahen Kiesstraße am **Cúber-Stausee** absteigen. Auf ihr rechts über die Staumauer und dann links zurück zum **Parkplatz**.

Über den Cúber-Stausee geht der Blick zum Puig Major, dem höchsten Gipfel Mallorcas.

14 Rund um die Tossals Verds

Durch wasserreiche Täler: Cúber-Stausee – Refugi Tossals Verds – Coll des Coloms – Cúber-Stausee

Östlich des Cúber-Stausees erhebt sich das einsame Bergland der Tossals Verds, das durch tief eingeschnittene Täler von den Nachbarbergen getrennt ist. Hier verlaufen die Leitungen, die das in den Stauseen am Fuß des Puig Major gesammelte Wasser in die Ebenen im Süden führt. Sie geben uns auf weiten Strecken den Weg vor, auf dem wir die Tossals Verds umrunden.

mittel

12 km

4½ Std.

ja

▶ **Tourencharakter:** Eine lange, aber einfache Wanderung auf Wirtschaftswegen und Bergpfaden, die auf weiten Strecken den Leitungen folgen, die die Gegend rund um Palma mit frischem Trinkwasser aus den Bergen versorgen. Es sind mehrere teils dunkle und niedrige Tunnels zu durchqueren, in denen eine Taschenlampe hilfreich sein kann. Der einsame Abstecher auf den höchsten Gipfel der Tossals Verds eröffnet herrliche Ausblicke.
▶ **Beste Jahreszeit:** Frühjahr bis Herbst.
▶ **Ausgangs- und Endpunkt:** Der Parkplatz am nordöstlichen Ufer des Cúber-Stausees.
▶ **Markierung:** Wegweiser und Farbmarkierungen.
▶ **Verkehrsanbindung:** Der Parkplatz am Cúber-Stausee liegt an der C-710, die von Sóller durch das Bergland nach Lluc führt. Die Busse der Linie von Port de Sóller und Sóller nach Lluc und Pollença halten bei Bedarf am Ausgangspunkt der Tour am Cúber-Stausee.
▶ **Einkehr:** Im Refugi Tossals Verds.
▶ **Unterkunft:** In Sóller, Port de Sóller und im Refugi Tossals Verds (Tel. 971 18 20 27).
▶ **Tourist-Info:** O.I.T. Municipal Port de Sóller, C. Canonge Oliver 10, Tel. 971 63 30 42;
O.I.T. Municipal de Sóller, Plaça Espanya, Tel. 971 63 80 08.

Der Wegverlauf

Vom Parkplatz am **Cúber-Stausee** durch das Gatter (Wegweiser Refugi Tossals Verds, Sóller) und auf der Teerstraße zur Staumauer. Nicht rechts über die Talsperre, sondern auf grobem Weg geradeaus. Wir queren die Flanke einer Schlucht und steigen dann steil abwärts in den Talgrund.

Jenseits des Bachbettes an einer Wasserleitung nach links und dann kurz aufwärts, bis der steinige Steig an der Leitung entlang bergab läuft. Kurz bevor wir den Schluchtgrund erreichen, gilt es einen ersten Tunnel zu durchqueren.

Der Weg führt uns anschließend durch vier weitere Tunnel. Kurz nach dem letzten läuft die Wasserleitung steil links hinab. Wir folgen aber geradeaus einem breiten Wirtschaftsweg, der bald

14

nach links knickt und in Kehren abwärts in eine Talmulde läuft. Auf dem Hauptweg geradeaus, bis wir nach einem Tor und einer Brücke auf eine Schotterstraße treffen, der wir links aufwärts folgen. Nach einigen Kehren rechts auf den alten, teils gepflasterten Wanderweg (Wegweiser Refugi), der kurz vor der Unterkunftshütte wieder auf die Fahrstraße stößt. Auf ihr rechts zum nahen **Refugi Tossals Verds** (540 m), das wie eine Alm im grünen Tal liegt.

An der Wegkreuzung neben der Hütte gehen wir geradeaus (Wegweiser Cases Velles und Font des Noguer) durch einen Olivenhain aufwärts. Von einer Weggabelung auf dem steinigen rechten Steig (Wegweiser Cases Velles und Font des Noguer) durch den Berghang aufwärts zu einer weiteren Wegkreuzung, von der wir geradewegs (Wegweiser Font des Noguer) in einen breiten Sattel wandern.

Hier geradewegs zwischen den links liegenden **Cases Velles** und der unterhalb des Weges befindlichen Quellfassung Pou de Sa Bassola auf breitem Weg in gleich bleibender Höhe durch den Hang. Bald geht der Blick über den Torrent des Prat hinauf zur 1748 erbauten Canaleta, die als Aquädukt die Steilhänge durchzieht und einstmals Menacor mit frischem Gebirgswasser versorgte. Der Weg steigt nun im Tal sanft an. Kurz nach einem Holztürchen über den Bach und zu einem Köhlerplatz. Weiter am Bach entlang, der bald auf einem Holzbrückchen überquert wird und auf breitem Weg durch das Tal aufwärts zu einer Wegkreuzung. Wir halten uns links (Wegweiser Font des Noguer) und wandern sanft auf-

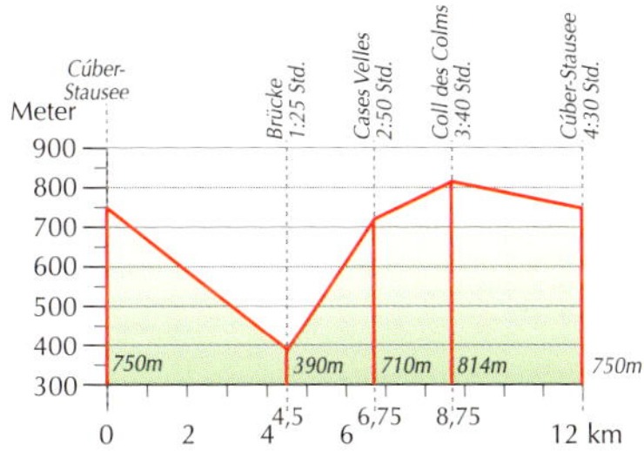

14

wärts, vorbei am Abzweig zum Puig des Tossals Verds, zum nahen **Coll des Coloms** (814 m).

Abstecher zum Puig des Tossals Verds (zusätzlich 1 1/2 Std.): Wir biegen kurz vor dem Coll des Coloms links (Wegweiser Puig des Tossals Verds) auf den schmalen, rot markierten Pfad ein, der uns durch den Wald und an einem Felsturm vorbei zu einem breiten Sattel hinaufführt. An einem kurzen Flachstück über eine Mauer, die rechts zu einem alten Schneehaus führt. Jetzt auf schmalem Steig durch den links liegenden, bald baumfreien Hang in gleich bleibender Richtung aufwärts zu einem eigenwilligen Felstürmchen. Über harmlose Felsplatten zu großen Felstürmen, vor denen der Weg nach links schwenkt. Eine mit Steinmännern markierte Wegspur führt uns an der linken Seite eines breiten Bergrückens aufwärts zur Vermessungssäule auf dem Gipfel des **Puig des Tossals Verds** (1115 m), von dem sich ein herrlicher Rundumblick bietet. Auf dem Anstiegsweg kehren wir anschließend wieder zurück zum Coll des Coloms. Vom Pass wandern wir auf steinigem Weg abwärts zur breiten Wasserleitung, die wir nach einem Tor auf einer Brücke überqueren.

Ein alter, teils gepflasterter Weg führt durch Olivenhaine zum Refugi Tossals Verds.

Geradeaus (Wegweiser Font des Noguer) am offenen Wasserlauf entlang in gleich bleibender Höhe zu einem Parkplatz an der C-710. Über den Parkplatz und dann parallel zur Straße (Wegweiser Barranc de Biniaraix und Sóller) zurück zum nahen Parkplatz am **Cúber-Stausee**.

Durch den Torrent de Pareis

15

Schluchtabenteuer für erfahrene Bergsteiger: Escorca – S'Entreforc – Torrent de Pareis – Sa Calobra

Fährt man von Lluc auf der C-710 Richtung Sóller, bietet sich kurz nach Escorca eines der eindrucksvollsten Landschaftsbilder auf Mallorca. Wie mit einem Riesenschwert geschlagen, schneidet die enge Schlucht des Torrent de Pareis durch die Felsberge und lässt einen abenteuerlichen Abstiegsweg zum blauen Meer erahnen.

▶ **Tourencharakter:** Der Weg durch die gewaltige Schlucht des Torrent de Pareis ist die anspruchsvollste der hier vorgestellten Wanderungen und sollte keinesfalls unterschätzt werden. Es muss an mehreren Stellen über Felsblöcke geklettert werden, über die man mehrere Meter abstürzen kann. Die Tour sollte nur bei stabilem Wetter angegangen werden, da nach längeren Regenfällen die Schlucht unpassierbar wird. Im engen Torrent ist es außerdem nicht möglich, mit dem Handy Hilfe zu rufen. Wer den Anforderungen jedoch gewachsen ist, der wird im Torrent de Pareis einen unvergesslichen Wandertag erleben.
▶ **Beste Jahreszeit:** Spätes Frühjahr bis Herbst.
▶ **Ausgangspunkt:** Das Restaurant in Escorca an der C-710.
▶ **Endpunkt:** Sa Calobra.
▶ **Markierung:** Farbpunkte und Steinmänner.
▶ **Verkehrsanbindung:** Wenn zwei Fahrzeuge zur Verfügung stehen, kann man eines in Sa Calobra abstellen und mit dem zweiten zum Ausgangspunkt in Escorca wenige Kilometer westlich von Lluc direkt an der C-710 fahren. Mit einem Fahrzeug am besten in Escorca parken und nachmittags gegen 15 Uhr mit dem Bus (nur wochentags, unbedingt Abfahrtszeit überprüfen), der von Sa Calobra Richtung Lluc, Pollença und Ca'n Picafort fährt, zum Ausgangspunkt zurückkehren (Vorsicht, der Bus kann überfüllt sein). Ohne eigenes Fahrzeug fährt man morgens von Port de Sóller mit dem Bus, der Richtung Lluc und Pollença verkehrt, nach Escorca und mit dem Schiff von Sa Calobra (gegen 17 Uhr letzte Rückfahrt, unbedingt am Tag vorher abklären) zurück nach Port de Sóller.
▶ **Einkehr:** In Escorca und Sa Calobra.
▶ **Unterkunft:** In Lluc (siehe Tour 16), Sóller und Port de Sóller.
▶ **Tourist-Info:** O.I.T. Municipal Port de Sóller, C. Canonge Oliver 10, Tel. 971 63 30 42;
O.I.T. Municipal de Sóller, Plaça Espanya, Tel. 971 63 80 08.

anspr.

km 6,5 km

4½ Std.

Der Wegverlauf

Gegenüber vom Restaurant **Escorca** beginnt am Ende der Leitplanke bei einer großen Warntafel der Abstieg zum Torrente de Pareis. Abwärts auf deutlichem Steig durch eine Mauer zu einem von Steinmauern eingefassten Feld. Nun rechts am Waldrand auf einem Weglein an der Mauer entlang. Bald durch ein Eisentor

15

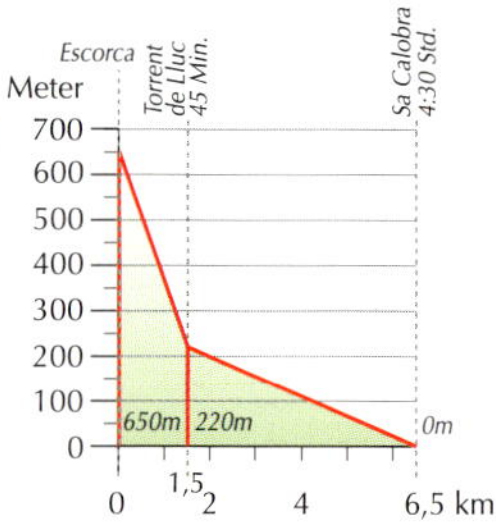

und der nach links knickenden Feldmauer folgend (grüner Pfeil) zum oberen Rand der steilen Talhänge. Falsch gesetzte Steinmänner weisen hier rechts zwischen Olivenbäumen auf einen sanft ansteigenden Felssporn. Der richtige Weg führt an dieser Stelle jedoch kurz links bergab und dann links unterhalb des Felssporns auf deutlichem Weg nach rechts. Bald ist die Wand rechts über uns von einem Felsfenster durchbrochen und unter uns liegt der Talboden des **Torrent de Lluc**, zu dem uns der mauergestützte, teils verwachsene Steig in zahlreichen Kehren durch den schattenlosen Hang hinabführt.

Wir folgen dem zunächst harmlosen Tal nach links. Nach einer Talwindung rücken die Steilwände nahe zusammen und über mächtige, glatt gewaschene Felsblöcke suchen wir uns meist an der linken Talseite einen Weg abwärts. Bald ist die von Blöcken übersäte Talweitung **S'Entreforc** erreicht. Hier vereinigt sich der von links kommende Torrent des Gorg Blau mit dem Torrent de Lluc zum Torrent de Parais. Unbedingt empfehlenswert ist ein kurzer Abstecher nach links zur **Sa Fosca** (die Dunkelheit) ge-

15

Immer wieder verstellen die mächtigen Felsblöcke den Weg durch den Torrent de Pareis.

nannten Klamm des Torrent de Gorg Blau. Dazu steigen wir an der linken Seite des Tals über Felsen aufwärts, bis sich die Wände eindrucksvoll zu einer dunklen, undurchdringlichen Schlucht schließen.

Wir steigen zurück in das Haupttal und folgen diesem links abwärts. Riesige Felsblöcke im Talgrund umgehen wir rechts auf einem Steig. Bald geht es wieder hinab in den Talgrund. Mit Hilfe grüner Pfeile suchen wir uns den Weg über glatte Felsblöcke, die durch Seilstücke und Trittstufen entschärft sind. Immer wieder müssen wir an Kletterstellen die Hände einsetzen. Da nicht jeder Wegmäander genau zu beschreiben ist, achte man genau auf die grünen Markierungen und auf Steinmänner. Bald stemmen wir uns an einer Steilstelle links schwierig zwischen Talwand und einem Felsblock abwärts und bleiben dann noch kurz an der linken Talseite. Der nächste schwierige Abschnitt wird rechts den Steinmännern folgend auf einem Felsband umgangen. Anschließend sind die Talwände nicht mehr so hoch und steil und wir

15

klettern im flachen Torrent über die glatt gewaschenen Felsblöcke und an Wasserbecken vorbei. Ein kiesiger Abschnitt bietet Erholung, ehe die Wände wieder näher zusammenrücken. Nachdem wir links durch eine kleine Höhle einen Steilabfall umgangen haben, wird die Schlucht wieder enger. Blockstellen wechseln mit Kiesabschnitten, bis an einer Rechtsbiegung des Tals eine Steilstufe den Weiterweg sperrt. Ein Steiglein leitet uns hier wenige Meter durch den linken Talhang aufwärts, ehe es wieder steil in den Talgrund hinabgeht. Nach kurzer Strecke erreichen wir dann die eindrucksvolle Grotte **Cova des Romagueral**.
Der engste Schluchtabschnitt und zugleich das letzte schwierige, aber erholsam schattige Wegstück liegt vor uns. Einige Minuten turnen wir über die glatt polierten Felsblöcke und immer wieder müssen wir die Hände zu Hilfe nehmen. Dann klettern wir rechts neben einem quer liegenden Felsblock in einer engen Spalte schwierig ab. Wenige Minuten später zeigt ein Metallring links eines Felsblocks eine weitere anspruchsvolle, Estaló genannte Kletterstelle an und unterhalb geht es nochmals schwierig links an einem Sperrblock vorbei. Die kniffligsten Abschnitte des Torrent de Pareis liegen hinter uns. Der Talboden ist jetzt großteils mit Kies gefüllt und zwischen bizarren Felswänden wandern wir an Tropfquellen und Höhlen vorbei auf den Ausgang der Schlucht zu. Wir erreichen eine letzte, von mächtigen Felsblöcken und mehreren Wasserbecken gebildete Barriere. Eine Wegspur führt uns links durch das Gestrüpp um die ersten Felsen, ehe wir den letzten mächtigen Felsturm rechts umgehen. Über die Kiesbänke im breiten Tal wandern wir danach problemlos zum Strand, mit dem der Torrent de Parais am Meer endet. Nach einem Bad gehen wir durch die Fußgängertunnel an der Küste entlang in das nahe **Sa Calobra**.

Sa Calobra und der Torrent de Pareis »light«

Von der C-710 läuft die eindrucksvollste Bergstraße Mallorcas mit der Krawattenknoten genannten 300-Grad-Kehre über 800 Höhenmeter und 12 km durch eine wilde Felslandschaft zur Bucht von Sa Calobra hinab, die im Sommer von unzähligen Ausflüglern besucht wird. Zu Fuß ist ohne große Mühen durch zwei Felstunnels der Strand am Ausgang des Torrent de Pareis zu erreichen. Von dort können weniger erfahrende Wanderer und sogar Kinder problemlos den engsten Teil der Schlucht ein gutes Stück bis zur ersten Kletterstelle erkunden.

Auf die Massanella

16

Der höchste Wandergipfel: Coll de sa Bataia – Coll de sa Línia – Font des Avenc – Massanella – Coll de sa Bataia

Mit ihrer Höhe von 1352 Metern steht die Massanella lediglich an zweiter Stelle in der mallorquinischen Gipfelparade. Da jedoch der knapp 100 Meter höhere Puig Major militärisches Sperrgebiet ist, bildet der Gipfel der Massanella den höchsten Punkt auf der Insel, der für Wanderer erreichbar ist. Die Massanella bietet eine umfassende Aussicht über die Berge, Täler und Ebenen von Mallorca.

▶ **Tourencharakter:** Eine anspruchsvolle Bergtour, die über schmale Steige auf den höchsten Wandergipfel Mallorcas führt. Die Tour verlangt vor allem beim teils weglosen Anstieg über die Font des Avenc bergsteigerische Erfahrung und Orientierungssinn. Bei einem Schlechtwettereinbruch sind die Pfade nur schwer auszumachen und im unübersichtlichen Karstgelände im Gipfelbereich drohen Verirren und Absturz. Am Eingang zum Gelände der Finca Coma Freda wird ein Wegegeld von derzeit 4 Euro verlangt. Dank ihrer überragenden Höhe bietet die Massanella eine herrliche Rundumsicht.
▶ **Beste Jahreszeit:** Frühjahr bis Herbst.
▶ **Ausgangs- und Endpunkt:** Der Coll de sa Bataia südlich oberhalb von Lluc.
▶ **Markierung:** Wegweiser, Farbmarkierungen und Steinmänner.
▶ **Verkehrsanbindung:** Aus Richtung Sóller oder Pollença auf der C-710 bis zu einer Kreuzung bei Kilometer 20,5 nahe Lluc und dort auf der PM-223 Richtung Inca kurz aufwärts zum nahen Coll de sa Bataia.
Mit dem Bus von Palma, Pollença oder Sóller zum Kloster Lluc, von dort zu Fuß in ca. 20 Min. aufwärts zum Coll de sa Bataia.
▶ **Einkehr:** Am Coll de sa Bataia.
▶ **Unterkunft:** Preiswerte, leider oft ausgebuchte Zimmer und einfaches Campinggelände im Kloster Lluc; Quartiervergabestelle am Klostereingang, Tel. 971 871525.

anspr.
9,5 km
4½ Std.

Der Wegverlauf

Vom Parkplatz auf dem **Coll de sa Bataia** (579 m) auf der Straße ca. 100 Meter Richtung Inca abwärts und nach einer Brücke rechts durch ein Tor (Wegweiser Caimari) auf eine sanft ansteigende Kiesstraße. Nach der Font d'es Guix an einer Kreuzung scharf rechts aufwärts zu dem Tor, hinter dem ein Wärter das Wegegeld für den Anstieg zur Massanella eintreibt.
Nun geradeaus und am Zaun und der Mauer entlang, die das Gelände der **Finca Coma Freda** umgibt. Ca. 100 Meter nach einem Mauerdurchlass folgen wir an einem Köhlerplatz geradeaus dem

16

breiteren Weg, der sich dann zunehmend steiler durch den Waldhang zu einer Schotterpiste hinaufwindet. Auf ihr nach links hinauf zum **Coll de sa Línia** (832 m). Eine Steinsäule mit der Aufschrift »Puig« weist uns rechts den Weg zur Massanella.

Der schmale Bergsteig führt in Kehren aufwärts und quert dann ansteigend durch den bewaldeten Hang weit nach Westen zur Weggabelung am **Avenc d'es Cami**. Die Aufschrift »Puig y Font« auf einer Steinsäule weist rechts den etwas einfacheren Weg zur Massanella.

Wir entscheiden uns jedoch für die anspruchsvollere Anstiegsvariante, da sie im Abstieg schwieriger zu begehen ist und vor größere Orientierungsprobleme stellt. Dem Wegweiser »Font y Puig« folgend links auf einen schmalen Steig, der weiterhin durch den Hang ansteigend nach Westen quert.

Der Puig de Massanella ist eines der beliebtesten Bergziele auf Mallorca.

Wir achten genau auf die roten Punkte und Steinmänner, da sich an einigen Stellen die Wegspur zwischen den Felsen zu verlieren scheint. Bald bleiben die letzten Bäume zurück und über grauen, wasserzerfressenen Kalkfels geht es zu einem auffälligen ebenen

Podest, an dem wir unvermittelt vor der Grotte stehen, in der die **Font des Avenc** liegt.

Stufen führen hinab in das Zwielicht der herrlich kühlen Höhle, an deren Grund sich in mehreren Becken das Tropfwasser sammelt.

Von der Plattform dem Wegweiser »Puig« und einem Pfeil folgend behalten wir die Richtung des bisherigen Aufstiegs bei, um die Felsabbrüche über der Höhle links zu umgehen.

Nach kurzer Strecke wenden wir uns nach rechts und steigen über steile, vom Wasser scharfkantig ziselierte Karstfelsen steil bergauf.

Im weglosen Gelände achten wir genau auf die Steinmänner und roten Punkte, die uns zu einer steinernen Wegsäule am westlichen Rand der Hochebene **Pla da sa Neu** führen. Zum Greifen nahe liegt nun der Gipfel der Massanella vor uns, auf den wir geradewegs zusteuern. Verschiedene Wegspuren weisen uns den Weg, ehe wir über gut gestufte Felsen den höchsten Punkt des **Puig de Massanella** (1352 m) erreichen. Ein Großteil der Berge, Ebenen und Küsten von Mallorca liegt uns nun zu Füßen. Für den Abstieg marschieren wir wieder zur Steinsäule am Westrand der Hochebene hinab. An dieser Stelle nicht zur Font des Avenc, sondern links dem Normalweg folgend über die Pla de sa Neu, dann rechts abwärts zur Weggabelung am Avenc d'es Cami und auf dem Anstiegsweg zurück zum Ausgangspunkt am **Coll de sa Bataia** (579 m).

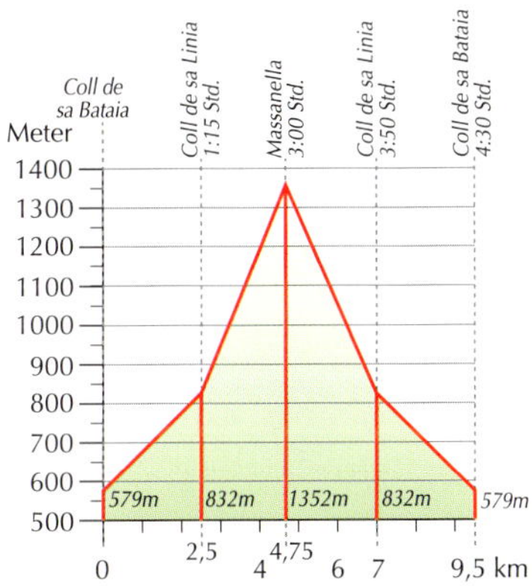

17 Rund um das Kloster Lluc

Schattige Wälder, bizarre Felsen: Kloster Lluc – Finca Minut – Coll Pelat – Binifaldó – Kloster Lluc

In einer weiten, von Felsbergen der Serra Tramuntana eingerahmten Talmulde liegt das Kloster Lluc, geistliches Zentrum und wichtigster Wallfahrtsort der Insel. Die Berghänge über dem ausgedehnten Klosterkomplex sind von dichten Steineichenwäldern überzogen und versprechen eine schattige Wanderung durch die verkarstete Landschaft mit ihren bizarren Felsformationen.

leicht

10 km

3½ Std.

ja

▶ **Tourencharakter:** Eine einfache, meist schattige Wanderung auf breiten Wirtschaftswegen, im Steingarten von Lluc Wanderwege und schmale Pfade. Am Rückweg zum Kloster begeistern die bizarren Felsformationen der stark verkarsteten Landschaft.
▶ **Beste Jahreszeit:** Das ganze Jahr über.
▶ **Ausgangs- und Endpunkt:** Das Kloster Lluc.
▶ **Markierung:** Wegweiser und Farbmarkierungen.
▶ **Verkehrsanbindung:** Aus Richtung Sóller oder Pollença auf der C-710 zum beschilderten Abzweig nach Lluc und abwärts zum nahen Kloster. Mit dem Bus von Palma, Pollença oder Sóller zum Kloster Lluc.
▶ **Einkehr:** In Lluc.
▶ **Unterkunft:** Preiswerte, leider oft ausgebuchte Zimmer und einfaches Campinggelände im Kloster Lluc; Quartiervergabestelle am Klostereingang, Tel. 971 87 15 25.

Der Wegverlauf

Vom Parkplatz am **Kloster Lluc** (480 m) auf der Zufahrtsstraße ca. 300 Meter zurück Richtung C-710. In einer Rechtskurve biegen wir links zwischen Steinpfosten auf ein geteertes Sträßchen. Nach wenigen Metern rechts zum nahen Sportplatz, durch ein Tor und am Sportgelände entlang, das wir links durch ein weiteres Tor verlassen. Nach wenigen Metern führt links der Wanderweg über ein Brückchen, über den unser Rückweg verlaufen wird. Wir folgen jedoch geradewegs der Schotterstraße, die im Talgrund verläuft. Nach dem Campinggelände, das rechts bleibt, auf der grob geschotterten Straße zur C-710 hinauf. Auf ihr kurz nach links, dann rechts auf einer Nebenstraße (Wegweiser Menut i Binifaldó) zur **Finca Minut**. Wir gehen durch das untere, rechte der drei Tore auf einen Wirtschaftsweg, der uns zu einem von mächtigen Bäumen beschatteten Picknickplatz auf der

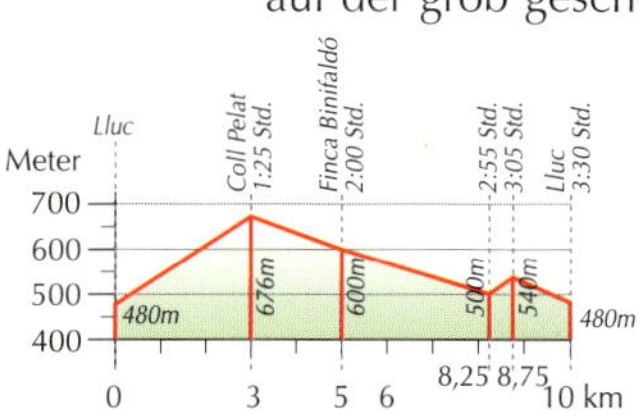

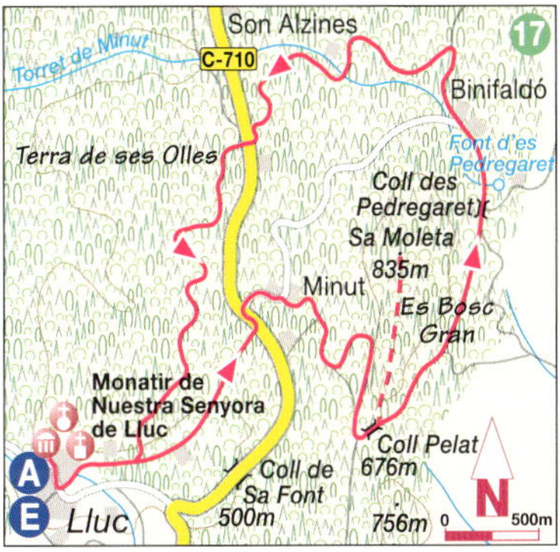

Rückseite der Finca führt. Dort nicht links hoch, sondern geradeaus auf einem Wirtschaftsweg zu einem Tor mit Leiter. Jetzt auf dem breiten Weg aufwärts, der in einem Links-rechts-Bogen zunehmend steiler durch den bewaldeten Hang zu einer Weggabelung führt. Wir halten uns links (Wegweiser Binifaldó) und wandern durch nahezu ebenes Gelände zum **Coll Pelat** (676 m), über den eine Steinmauer läuft. Wer ein wenig Abenteuerlust verspürt, der kann hier links auf einer Pfadspur über den Bergrücken zum aussichtsreichen Gipfel der Sa Moleta aufsteigen. Wir wandern jedoch vom Pass auf der Forststraße abwärts, bis wir vor zwei engen Kehren links auf einen schmalen Weg einbiegen (Wegweiser GR). In gleich bleibender Höhe quert er einen Waldhang und endet vor einem Tor. Jenseits treffen wir auf dem **Coll des Pedregaret** (650 m) auf eine Teerstraße, auf die wir geradewegs überwechseln. Sie führt uns in wenigen Minuten hinab zur **Finca Binifaldó** (600 m).

Rund um Lluc bilden die wasserlöslichen Kalkgesteine bizarre Karstlandschaften.

Auf der Teerstraße über den Bach und dann rechts auf einen Wirtschaftsweg (Wegweiser Pollença), der uns am Fuß der mächtigen Berggestalt des Tomir über die Felder führt. Nach einer großen Steineiche sanft bergan zu einer Wegkreuzung. Hier links auf ein mit einer Kette gesperrtes Kiessträßchen, das durch verwilderte Olivenhaine abwärts läuft. Bald nimmt uns schattiger Steineichenwald auf und das Sträßchen führt an bizarren Karstfelsen vorbei steiler bergab in ein Tal. Nach einer Furt vor einer gefassten Quelle nach rechts, sanft ansteigend zu einer Weggabelung und auf dem Hauptweg rechts. Bald erreichen wir ein Gatter, hinter dem wir links hinab zu einem

17

Picknickplatz an der C-710 gehen. Wir wandern parallel der Straße kurz zu einem weiteren Picknick- und Parkplatz hinauf und folgen der Zufahrtsstraße zur C-710. Vorsichtig über die viel befahrene Straße und jenseits zwischen zwei Torpfosten in den **»Steingarten von Lluc«**. Viele Wegspuren laufen hier zwischen dem bizarr erodierten Fels, die für Kinder ein herrlicher Abenteuerspielplatz sind.

Für den Weiterweg müssen wir uns links halten und den unübersichtlichen Steingarten den roten Pfeilen folgend möglichst nahe der C-710 durchqueren, bis wir vor einem Brunnen wenige Meter rechts der Hauptstraße auf eine Betonpiste stoßen. Auf ihr rechts hinab zu einem Gebäude mit Grillplatz. An dieser Stelle links auf einen mit einer Kette abgesperrten, rot markierten Karrenweg und vorbei an bizarren Felsformationen abwärts. Der Weg knickt bald nach links und führt uns aufwärts zu einer Wegkreuzung auf einem Bergkamm, an der wir uns rechts halten (Wegweiser Es Camell, Lluc). Nach einem Köhlerplatz geht links ein schmaler Pfad ab, auf dem wir einen kurzen Abstecher zum **»Kamel«** unternehmen, einer der eigenwilligsten Felsformationen in der Karstlandschaft bei Lluc. Von dort wieder zurück zum Hauptweg, auf ihm abwärts zu einem Brückchen, das uns zum Sportplatz von Lluc bringt. Auf bekanntem Weg kehren wir zurück zum nahen **Kloster Lluc** (480 m).

Kloster Lluc

Kurz nach der christlichen Rückeroberung soll ein Hirtenjunge mit Namen Lucas (mallorquinisch Lluc) die »Moreneta«, die schwarze Madonna von Lluc gefunden haben. Mehrmals wurde sie anschließend in der Kirche von Escorca aufgestellt, kehrte aber immer wieder auf wunderliche Weise zum ursprünglichen Fundort zurück. So errichtete man dort 1230 eine Kapelle, die schnell zum beliebten Wallfahrtsziel wurde. 1260 erweiterte sie König Jaume I. zum Augustinerkloster Nuestra Senora de Lluc, das sich zu Priesterseminar, Klosterschule, geistigem Zentrum und wichtigstem Wallfahrtsort der Insel entwickelte. Die meisten der heutigen Gebäude stammen aus dem 17. und 18. Jahrhundert. Eindrucksvoll ist die schummrige Klosterkirche, hinter deren Hauptaltar in einer Kapelle die verehrte Gnadenfigur der »Moreneta« ausgestellt ist. Um 11:15 Uhr (Mo–Sa) bzw. um 11 (So) singt hier (nur außerhalb der Ferienzeit) der berühmte Klosterknabenchor, der nach seiner blauen Kleidung »Blavets« genannt wird.

Auf den Tomir

18

Mächtiger Felsgipfel über Lluc: Coll de Pedregaret – Tomir – Coll de Pedregaret

Der mächtige Tomir, der mit einer steilen Nordwestflanke beeindruckt, ist der östlichste Tausender auf Mallorca. Den relativ kurzen, aber steilen und schweißtreibenden Anstieg belohnt der Tomir mit herrlichen Ausblicken über die zerfransten Küsten und einsamen Berge im östlichen Mallorca.

anspr.

4 km

2 1/4 Std.

▶ **Tourencharakter:** Eine kurze, aber steile Wanderung auf einen mächtigen Felsberg, der eine herrliche Rundumsicht bietet. Kurze Felsabschnitte auf dem Anstiegsweg werden mit Hilfe von Drahtseilen und Eisenklammern überwunden. Die Wanderung kann mit Tour 17 zu einer langen Rundtour verbunden werden. Der Ausgangspunkt kann an Sonn- und Feiertagen nicht angefahren werden, man muss dann schon an der Finca Minut parken.

▶ **Beste Jahreszeit:** Frühjahr bis Herbst.

▶ **Ausgangs- und Endpunkt:** Der Parkplatz am Coll de Pedregaret.

▶ **Markierung:** Rote Farbmarkierung und Steinmänner.

▶ **Verkehrsanbindung:** Mit dem Auto vom Abzweig zum Kloster Lluc auf der C-710 Richtung Pollença und nach kurzer Fahrt bei Kilometer 17,4 rechts in eine schmale, geteerte Nebenstraße. Aufwärts zur Gabelung an der Finca Minut und dort links auf der Zufahrtsstraße zur Mineralwasser-Abfüllanlage durch das Tor (an Sonn- und Feiertagen verschlossen). Vorbei an der Finca Binifaldó hinauf zum Parkplatz auf dem Coll des Pedregaret. Busverbindung von Palma, Pollença und Sóller zum Kloster Lluc. Von dort Tour 17 folgend zur Finca Minut und entweder auf dem beschriebenen Wanderweg oder etwas kürzer auf der Teerstraße zum Coll de Pedregaret (zusätzlich 1 1/2–2 Std.).

▶ **Einkehr:** Keine.

▶ **Unterkunft:** Preiswerte, leider oft ausgebuchte Zimmer und einfaches Campinggelände im Kloster Lluc; Quartiervergabestelle am Klostereingang, Tel. 971 87 15 25.

Der Wegverlauf

Vom **Coll de Pedregaret** folgen wir kurz der schmalen Teerstraße bergan, die zur Abfüllanlage für das Mineralwasser »Agua Binifaldó« führt. Am Tor rechts auf einen Wanderweg (Wegweiser Puig Tomir), der am Zaun entlang aufwärts leitet. Vor einem Geröllfeld knickt der Weg nach rechts und schlängelt sich in Serpentinen durch den steilen Waldhang bergauf. Bald wendet sich der Steig nach links und quert über dem Geröllfeld bis kurz vor einen Felsgrat zu einem

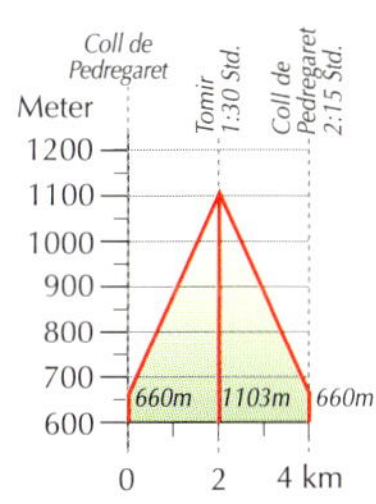

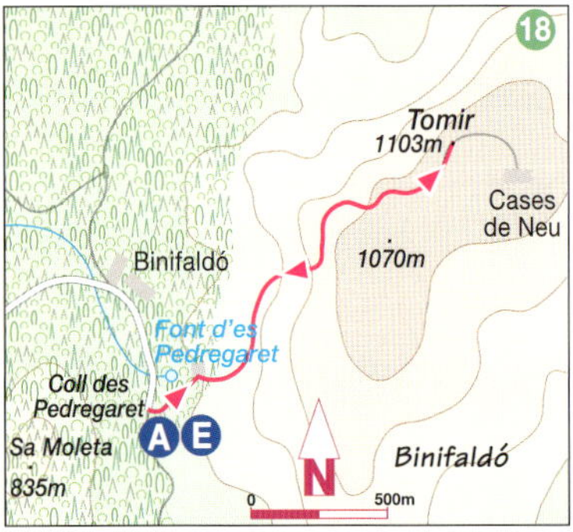

Steinmann. Hier rechts durch eine Rinne über griffige, mit einem Stahlseil entschärfte Felsabsätze steil bergauf. Nach einer kleinen Scharte nimmt uns eine mit Schutt gefüllte Rinne auf. An deren oberem Ende klettern wir mit Hilfe von Drahtseilen und Trittklammern über einen Felsabsatz. Problemlos führt uns anschließend ein breiter Weg in einer sanft ansteigenden, in der Mitte von einem harmlosen Felsabsatz unterbrochenen Mulde geradewegs bergauf. Wir erreichen eine schwach ausgeprägte Scharte, die uns rechts an einem **Vorgipfel** vorbeiführt.

Kurz darauf erreichen wir die Scharte, die den Vorgipfel vom Hauptgipfel trennt. Unter uns bricht der Tomir in steilen Wänden nach Nordwesten in das Tal ab. Nach rechts schwingt sich der Südwestgrat auf, der zum Hauptgipfel hinaufführt. An der rechten Seite des Grates steigen wir nun über felsdurchsetztes, aber problemlos zu begehendes Gelände aufwärts. Erst kurz vor dem höchsten Punkt sehen wir die Vermessungssäule auf dem Gipfel des **Tomir** (1103 m), den wir nach kurzer Strecke erreichen. Hier genießen wir den umfassenden Rundumblick, ehe wir auf dem Anstiegsweg wieder zum Ausgangspunkt am **Coll de Pedregaret** hinabwandern.

Durch seine vorgeschobene Lage bietet der Tomir herrliche Ausblicke über den Osten Mallorcas.

Rund um den Puig Roig

19

Klassische Tour im Reich der Mönchsgeier: Lluc – Finca Mossa – Pas d'en Segarra – Finca Es Cosconar – Lluc

Die lange Runde um den Puig Roig gehört zu den großen Wanderklassikern auf Mallorca. Von den Hängen des Berges bieten sich fantastische Blicke hinab auf die wilde, unzugängliche Steilküste, die von Sa Calobra nach Osten zieht und einer Anzahl seltener Greifvögel eine Heimat gibt.

▶ **Tourencharakter:** Eine lange Rundtour auf Wirtschaftsstraßen und herrlichen Bergsteigen, die zu Beginn ein Stück der viel befahrenen C-710 folgt. Unterwegs bieten sich herrliche Blicke über die einsame Landschaft und zur wilden, unzugänglichen Nordküste. Um die hier lebenden Mönchsgeier zu schützen, die man mit etwas Glück am Himmel kreisen sieht, ist die Tour nur an Sonntagen geöffnet.
Für die lange, schattenlose Tour unbedingt genügend Trinkvorräte mitnehmen.

▶ **Beste Jahreszeit:** Frühjahr bis Herbst.

▶ **Ausgangs- und Endpunkt:** Das Kloster Lluc.

▶ **Markierung:** Teilweise Farbmarkierungen und Steinmänner.

▶ **Verkehrsanbindung:** Aus Richtung Sóller oder Pollença auf der C-710 zum beschilderten Abzweig nach Lluc und abwärts zum nahen Kloster. Mit dem Bus von Palma, Pollença oder Sóller zum Kloster Lluc.

▶ **Einkehr:** In Lluc.

▶ **Unterkunft:** Preiswerte, leider oft ausgebuchte Zimmer und einfaches Campinggelände im Kloster Lluc; Quartiervergabestelle am Klostereingang, Tel. 971 87 15 25.

mittel

km 18 km

6 Std.

Der Wegverlauf

Vom Parkplatz am **Kloster Lluc** (480 m) wandern wir auf der Zufahrtsstraße ca. 300 Meter zurück Richtung C-710 und biegen in einer Rechtskurve links zwischen Steinpfosten auf ein geteertes Sträßchen. Nach wenigen Metern rechts zum nahen Sportplatz, durch ein Tor und am Sportgelände entlang, das wir durch ein weiteres Tor verlassen. Nun geradewegs auf der Schotterstraße, vorbei am Campinggelände, durch das Tal und durch den Waldhang zur C-710 hinauf. Wir folgen der Straße nach links, bis nach gut zwei Kilometern bei Kilometer 15,2 der Abzweig zur Finca Mossa führt. Durch das nur am Sonntagvormittag geöffnete Gatter und auf der Betonpiste zu einer Kreuzung. Auf dem rechten Sträßchen wandern wir durch den Talgrund und dann rechts auf dem Hauptweg zur **Finca Mossa** hinauf.
Links um die Finca herum und vorbei an angeketteten Wachhunden, hinter deren steinernen Hütten wir vom Fahrweg halb links

auf einen mit Steinmännern gekennzeichneten Wanderweg abbiegen. Der alte, teils durch hohe Trockenmauern gestützte Weg führt uns durch den felsigen Steilhang zum **Coll d'es Ases** (627 m) hinauf. Leicht fallend läuft jetzt der steinige, aber wunderschön angelegte Weg zu einem am Fuß einer Felswand gelegenen Wasserbecken und steigt dann durch die Nordosthänge des Puig Roig sanft an zum grandiosen Aussichtsplatz am **Pas d'en Segerra** (680 m). Unter uns liegt die unzugängliche Nordküste und im Westen bewacht der markant ins Meer vorspringende Klippenberg Morro de sa Vaca (Kuhmaul) den Eingang zur Cala de Sa Calobra und zum Torrent de Pareis. Der Weg läuft nun unter den felsigen Nordwestabstürzen des Puig Roig entlang. Kaum merklich

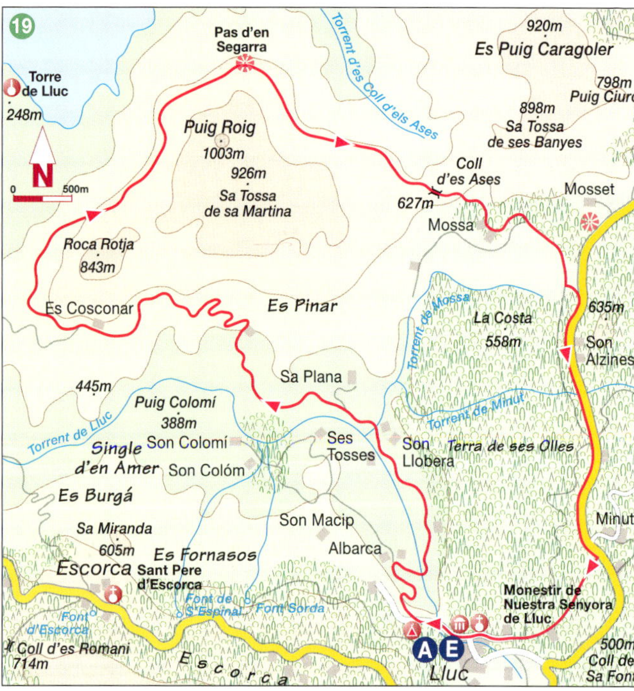

verlieren wir an Höhe, je weiter uns der herrliche Panoramaweg hoch über der von einem Turm bewachten Cala Codolar nach Westen führt. Der Pfad wird nach und nach schmaler und verlangt an den Nordhängen der Roca Rotja mehr Aufmerksamkeit, ehe er nach Süden umschwenkt und nach einer Steinmauer auf den **Puig Major** zuläuft. Kurze Zeit später geht der Blick über die verfallene Polizeikaserne Quarter des Carabiners, von der aus früher die Schmuggelwege überwacht wurden, zum tiefen Spalt des Torrent de Pareis. Oberhalb der Kasernen quert der schmale Steig durch einen mit verstreuten Kiefern bewachsenen Grashang und führt uns bald um einen Bergrücken und durch alte Ölbaumterrassen zu einem Wirtschaftssträßchen, das uns links zur nahen **Finca Es Cosconar** hinaufbringt. Schon seit maurischer Zeit besteht diese eindrucksvolle Finca, die sich unter überhängenden Felsen in eine Höhle schmiegt. Wir folgen der Zufahrtsstraße, die sich bald in Kehren an knorrigen Olivenbäumen vorbei in das fruchtbare Tal des Torrent de Lluc hinabschlängelt. Wir wandern auf dem Hauptweg durch die sanft ansteigende Talmulde. Mehrmals werden nun ausgetrocknete Bachläufe überquert und Tore durchschritten. Wir ignorieren die zu verschiedenen Fincas abzweigenden Pisten und überqueren gut eine Stunde nach der Finca Es Cosconar eine Bogenbrücke zur Westseite des Torrent de Lluc. Das Sträßchen führt uns bis kurz vor die Finca Albarca, vor der es nach links biegt. An dieser Stelle nochmals durch ein Tor und über den Torrent. Kurz darauf erreichen wir das **Kloster Lluc**.

Hoch über der wilden, einsamen Nordküste quert der Weg durch die Hänge des Puig Roig.

Mönchsgeier

Die einsamen Steilküsten und das wilde Bergland rund um den Puig Roig bilden den Lebensraum des Mönchsgeiers, der mit bis zu drei Metern Flügelspannweite zu den größten Greifvogelarten zählt. Dank intensiver Schutzbemühungen stieg die Zahl dieser eindrucksvollen Vögel, die nicht nur Aas verzehren, sondern auch selbst Beute schlagen, in den letzten Jahren wieder deutlich an. Im gebirgigen Nordosten von Mallorca kann man außerdem mit etwas Glück die Flugkünste des seltenen Eleonorenfalken bewundern und die scheuen Zwergadler beobachten.

20 Von Mortitx zur Küste

Einsame Klippen und Schluchten: Finca Mortitx – Rafal d´Ariant – Cala d'Ariant – Rafal d´Ariant – Torrent de Mortitx – Finca Mortitx

Bizarre Felslandschaften, wilde Klippen und eindrucksvolle Schluchten, über denen manchmal die majestätischen Mönchsgeier kreisen, belohnen für die Mühen dieser nicht allzu häufig begangenen Tour.

mittel

10,5 km

$4^{3}/_{4}$ Std.

▶ **Tourencharakter:** Die Wanderung verläuft großteils auf schmalen, teils verwachsenen Pfaden und verlangt etwas Orientierungssinn. Nach längeren Regenfällen sollte man für den Rückweg nicht die Strecke durch den Torrent de Mortitx wählen.
▶ **Beste Jahreszeit:** Frühjahr bis Herbst.
▶ **Ausgangs- und Endpunkt:** Die Einfahrt zur Finca Mortitx an der C-710.
▶ **Markierung:** Steinmänner und verschiedenfarbige Markierungen.
▶ **Verkehrsanbindung:** Von Pollença kommend biegt nach dem ersten längeren Anstieg der C-710 kurz vor Kilometer 11 rechts zwischen hohen Mauern die Zufahrt zur Finca Mortitx ab. Hier wenige Parkmöglichkeiten. Keine Anfahrtsmöglichkeit mit öffentlichen Verkehrsmitteln.
▶ **Einkehr:** Keine.
▶ **Unterkunft:** Am besten in Pollença oder Port de Pollença.
▶ **Tourist-Info:** O.I.T. Pollença, Carrer Guillem Cifre, Tel. 971 53 50 77.

Der Wegverlauf

Vom **Parkplatz an der C-710** gehen wir durch das Metalltor oder über gemauerte Trittstufen zu den Gebäuden der **Finca Mortitx**, die links bleiben. Wir folgen dem Fahrweg und biegen nach einem Tennisplatz rechts bei einem kleinen Steinhäuschen in einen Nebenweg. Nach einer Kirschplantage gabelt sich an einer neu errichteten Mauer der Weg. Links durch ein Tor, an der Steinmauer entlang und an der nächsten Gabelung auf dem besseren Weg links abwärts zu einem nahen, großen Steinmann (roter Punkt und Hinweis Rafal d'Ariant). Hier rechts auf einem schmalen, bald recht verwachsenen Pfad sanft abwärts durch die verwilderten Ölbäume auf eine Karstsenke zu, die wir geleitet von Steinmännern und roten Farbpunkten nahe eines Zauns an ihrer linken Seite umrunden. Wir steuern auf das linke Ende einer Stein-

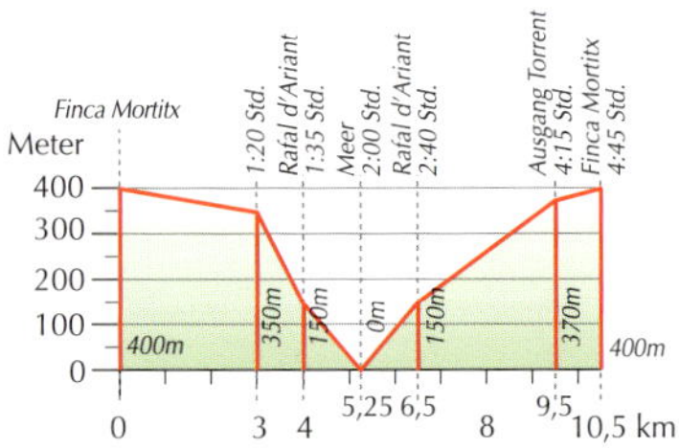

mauer zu, die wir bald neben einem Tor mit einer Leiter überklettern. Anschließend an bizarren Felsen vorbei kurz aufwärts und dann über Felsabsätze hinab in die nächste Talmulde. Rote und gelbe Farbmarkierungen und Steinmänner leiten uns jetzt zum vor uns liegenden Kamm, den wir zwischen zwei kleinen Felstürmen erreichen. Nun nicht hinab in die nächste Mulde, sondern nach rechts und auf wieder deutlichem Weg durch eine felsdurchsetzte Bergflanke aufwärts zu einem bizarren Felsturm. Von dort abwärts in eine Mulde und kurz bergauf. Unter uns liegt die einsame Küste. Nun hinab zu einem alten, teils gepflasterten Weg. Auf ihm links unter Felswänden in Serpentinen teils steil abwärts und dann rechts hinab zur **Finca Rafal d'Ariant**.

Der Weg leitet rechts an der Finca vorbei kurz bergan und dann links zu einer gefassten Quelle. Von hier wandern wir geradewegs über eine Ebene auf den Klippenberg Muscolo de les Cordes zu. Wir überqueren eine alte Mauer und erreichen einen Sattel, der den Klippenberg mit dem Festland verbindet. Nun sanft abwärts den Hang querend auf einige Felsblöcke zu und von dort über rote und schwarze Felsen abwärts. Der Steig wendet sich unter einem großen Felsblock kurz nach rechts und leitet dann teils steil zur **Cala d'Ariant** hinab. Wenige Meter oberhalb des Meeres klettern wir links auf eine felsige Landzunge, von der wir einen grandiosen Blick auf die mächtige Klippenwand des Muscolo de les Cordes haben. Hoch über dem türkis schimmernden

Meer öffnet sich in der Wand die riesige Felsgrotte der **Cova de les Bruixes** (Hexenhöhle), die von Seevögeln umkreist wird. Vom Meer kehren wir zurück zur **Finca Rafal d'Ariant**, hinter der wir rechts auf einen schmalen Weg einbiegen, der uns durch ein Bachtal in wenigen Minuten zum Bett des **Torrent de Mortitx** führt.

Abstecher in das untere Tal: Bergsteiger mit etwas Klettererfahrung können rechts noch einen lohnenden Abstecher unternehmen. Nach kurzer Strecke verengt sich das Tal zur Gorg de Bec d'Oca. Dieser Schluchtabschnitt ist nach dem eigenwilligen Felsen Bec d'Oca (Gänseschnabel) benannt, der rechts aufragt. An der Engstelle umklettern wir in den linken Felsen die Wasserbecken und Wasserfälle. Nun am Bachbett entlang zum eindrucksvollen untersten Schluchtabschnitt, der nur mit Canyoningausrüstung zu begehen ist. Allein der Blick in die herrliche, von fein ziselierten Felsen begrenzte Klamm, über der ein mächtiger Felsblock eingeklemmt ist, lohnt die Mühen dieses nicht

In den unzugänglichen Felswänden rund um die Hexenhöhle finden Seevögel ideale Nistplätze.

allzu langen Abstechers. Auf der bekannten Route geht es anschließend wieder zu der Stelle, an der wir auf das Torrentbett gestoßen waren.

Wir folgen jetzt dem Bachbett talaufwärts und umgehen problemlos einige Tümpel. Ein größeres Wasserbecken wird etwas schwieriger links umklettert und kurze Zeit später erreichen wir an einem Steinmann eine **Talgabelung**. Wir halten uns links und steigen von Farbmarkierungen geleitet durch den Ostarm des Torrent de Mortitx aufwärts. Nach einem ersten steileren Abschnitt erreichen wir ein kurzes Flachstück, nach dem die Wände näher zusammenrücken und erfrischenden Schatten spenden. Über Blöcke, glatt gewaschene Felsen und bald links um einen großen Steinblock herum klettern wir anstrengend aufwärts. Nach diesem Steilstück weisen uns Steinmänner und Farbpunkte nahe des Bachbettes den Weg durch die mit Bäumen bewachsene, nun wieder harmlosere Schlucht. Im obersten Felskessel, dessen Wände von bizarren Karstkarren zerfressen sind, halten wir uns links und erreichen links des abschließenden Felskopfes eine **Scharte**, in der wir einen Zaun übersteigen.

Im untersten Abschnitt zwängt sich der Torrent de Mortitx durch filigran erodierte Karstfelsen.

Vor uns liegt nun flaches Gelände, über das uns ein mit Steinmännern markiertes, erdiges Weglein in einem Linksbogen führt. Wir queren ein Bachbett und einen Zaun und stoßen in einem alten Olivenhain auf einen Wirtschaftsweg, dem wir nach links folgen. Bald neben einem Tor mit Hilfe der Leiter über eine Mauer. An einer Weggabelung neben großen Felsblöcken folgen wir der sanft ansteigenden Schotterstraße nach links, lassen ein Wirtschaftsgebäude rechts und erreichen nach kurzem Anstieg den Tennisplatz an der **Finca Mortitx**. Auf dem bekannten Weg wandern wir zurück zum nahen **Ausgangspunkt** an der C-710.

21 Durch das Vall de Bóquer

Küstental für Vogelkundler: Port de Pollença – Finca Bóquer – Coll del Moro – Cala Bóquer – Port de Pollença

Zwischen dem gezackten Felsgrat der Sierra del Cavall Bernat und dem wilden Bergkamm des El Morral verläuft das malerische Vall de Bóquer zur tief eingeschnittenen Cala Bóquer. Berühmt ist das Tal für seltene Vogelarten, die hier ihre Kreise ziehen. So trifft man zahlreiche, meist britische Vogelfreunde, die mit ihren Fotoapparaten und Ferngläsern Jagd auf Mönchsgeier oder Bienenfresser machen.

leicht

7 km

2 1/4 Std.

ja

▶ **Tourencharakter:** Eine einfache, jedoch weitgehend schattenlose Wanderung auf breiten Wegen, die zwischen steilen Felsbergen durch eine breite Talmulde zum Meer führt. Bademöglichkeit am groben Steinstrand in der Cala Bóquer.
▶ **Beste Jahreszeit:** Das ganze Jahr über.
▶ **Ausgangs- und Endpunkt:** Der Hafen von Port de Pollença bzw. bei Anfahrt mit eigenem Fahrzeug eine Nebenstraße am Fuß der Finca Bóquer.
▶ **Markierung:** Wegweiser.
▶ **Verkehrsanbindung:** Mit dem Auto auf der zum Cap de Formentor ausgeschilderten Straße durch Port de Pollença und nach dem Hotel Oro Playa links in eine breite Erschließungsstraße, die auf die Finca Bóquer zuführt. Nach einer Rechtskurve gute Parkmöglichkeiten direkt am Beginn des Weges zur Finca und in das Vall de Bóquer. Die Bushaltestelle am Hafen, von der Busse in alle Richtungen abgehen.
▶ **Einkehr:** In Port de Pollença.
▶ **Unterkunft:** In Port de Pollença.
▶ **Tourist-Info:** O.I.T. Municipal Port de Pollença, Calle Monges 9, Tel. 971 86 54 67.

Der Wegverlauf

Von der Bushaltestelle am Hafen von **Port de Pollença** gehen wir, vorbei am Jachthafen, in nördlicher Richtung am Meer entlang, bis wir von der Uferpromenade links in die Avinguda Bocchoris einbiegen. Nach kurzer Strecke über die nach Formentor führende Straße zu einem Alleeweg, der uns zu einer breiten Querstraße unterhalb der **Finca Bóquer** bringt (Parkmöglichkeit bei Anfahrt mit eigenem Fahrzeug). Jenseits beginnt eine Kiesstraße (Wegweiser Predio Bóquer), die uns in Kurven durch Gärten aufwärts zur Finca Bóquer führt, welche von einem mit Zinnen gekrönten Turm überragt wird. Wir gehen links um das Gebäude über den Vorplatz, von dem wir einen herrlichen Blick über die Landschaft genießen. Ein Tor entlässt uns in die

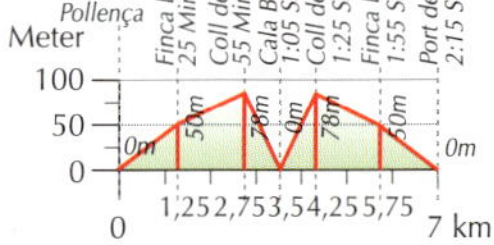

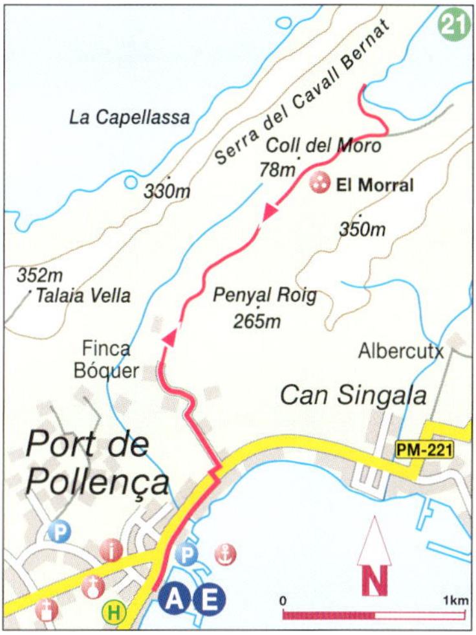

Natur und der Lärm der Stadt bleibt hinter uns. Der breite, steinige Wanderweg führt uns sanft aufwärts zu einem Durchlass zwischen zwei mächtigen, bizarr erodierten Felsen.

Der Weg läuft anschließend rechts des Talgrunds durch die offene Landschaft sanft bergauf. Markante Steilwände brechen an beiden Seiten von den felsigen Bergkämmen zur breiten, sanft geschwungenen Talmulde ab. Wir passieren eine Steinmauer und erreichen kurze Zeit später den **Coll del Moro** (78 m), der mit einer großen Steinpyramide markiert ist. Geradewegs wandern wir nun sanft bergab auf die tief eingeschnittene Bucht zu. Der Weg bleibt weiterhin an der rechten Seite des Tals und bringt uns zu einer Viehtränke, an der sich der breite Weg in verschiedene Pfade aufspaltet. Links kann man direkt durch eine kleine Talfurche zum Meer absteigen. Schöner ist es allerdings, rechts haltend dem schmalen Pfad bis zu seinem Ende zu folgen. Eine Wegspur führt uns etwas tiefer zurück in die Furche, durch die man zum nahen Kiesstrand in der **Cala Bóquer** absteigen kann. Von dort geht es auf demselben Weg wieder durch das Tal zum Ausgangspunkt in **Port de Pollença** zurück.

Steile Felsberge überragen die tief eingeschnittene Cala Bóquer.

22 Auf der Formentor-Halbinsel

Stille Bucht und berauschender Aussichtsberg: Parkplatz – Cala En Gossalba – Fumat – Parkplatz

Über die Formentor-Halbinsel, die sich als markanter Bergkamm weit ins Meer streckt, führt eine grandiose Panoramastraße zum Leuchtturm am felsigen Cap de Formentor. Wir verlassen jedoch die viel befahrene Straße und genießen die Ruhe einer stillen Bucht und die umfassende Aussicht vom markanten Felsberg Fumat.

mittel

5 km

2½ Std.

▶ **Tourencharakter:** Eine kurze, im Aufstieg jedoch teils steile Wanderung auf Wegen und schmalen, verwachsenen Pfadspuren. Der Weg zur steinigen Badebucht in der stillen Cala En Gossalba eignet sich als Kurztour mit Kindern. Der Gipfel des Fumat bietet herrliche Ausblicke.
▶ **Beste Jahreszeit:** Das ganze Jahr über.
▶ **Ausgangs- und Endpunkt:** Eine Parkbucht an der Straße zum Cap de Formentor.
▶ **Markierung:** Steinmänner und stellenweise Farbmarkierungen.
▶ **Verkehrsanbindung:** Von Port de Pollença auf der zum Cap de Formentor ausgeschilderten PM-221 auf die Halbinsel. Nach ca. 14 km passiert man den Straßentunnel am Fuß des Fumat, fährt aufwärts zu einem Bergkamm und jenseits kurz abwärts zu einer kleinen Parkbucht, die kurz vor Kilometerstein 15 links an der Straße liegt. Nur wenige Parkmöglichkeiten! Keine Anfahrtsmöglichkeit mit öffentlichen Verkehrsmitteln.
▶ **Einkehr:** Keine.
▶ **Unterkunft:** Am besten in Port de Pollença.
▶ **Tourist-Info:** O.I.T. Municipal Port de Pollença, Calle Monges 9, Tel. 971 86 54 67.

Der Wegverlauf

Direkt gegenüber der **Parkbucht** beginnt ein deutlicher Pfad, der uns nach kurzer Strecke in einen Schatten spendenden Kiefernwald führt.

Der alte, teils mit Steinmauern gestützte Weg läuft mal links, mal rechts eines ausgetrockneten Bachbettes bergab. Bald sehen wir schon auf das grün schimmernde Meer hinab. Wir folgen dem deutlichen Steig oberhalb der **Cala En Gossalba** kurz nach rechts und steigen dann über Stufen zu glatten Felsplatten ab. Die schräg abfallenden Felsen oder der links liegende Steinstrand laden im Sommer zu einem Bad im kristallklaren Wasser ein.

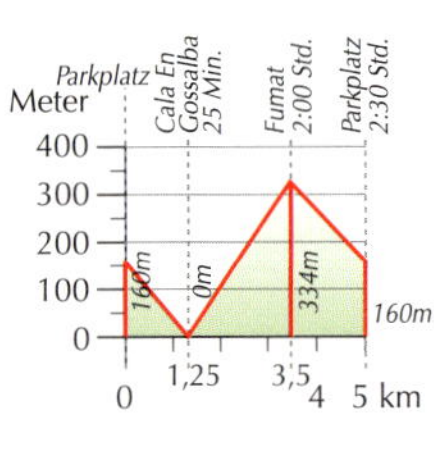

Geübte Wanderer queren nun, geleitet von verblassten Farbpunkten und einigen Steinmännern, wenige Meter oberhalb des Meeres durch den Hang nach rechts zur nächsten kleinen Bucht, in die ein Bachlauf mündet. Wir folgen dem Bachlauf nach rechts zu einer glatten Wandstelle, die wir rechts umklettern müssen. Die schwierigste Stelle der Tour liegt jetzt hinter uns und der Bachlauf gibt die weitere Anstiegslinie vor. Steinmänner bestätigen uns immer wieder, dass wir auf dem richtigen Weg sind. Über flache Felsplatten und über Steinblöcke führt uns der Bachlauf zu zwei Kiefern unterhalb einer Felswand, in der sich eine Grotte auftut. Der nun etwas deutlichere Steig läuft teils direkt im Bachbett oder weicht wenige Meter nach rechts oder links aus.

Vor uns baut sich die Südflanke des Fumat auf und die Stützmauern des alten Militärweges, der die Grashänge unterhalb der Gipfelfelsen durchzieht, sind deutlich zu erkennen.

22

Vom Gipfel des Fumat geht der Blick über die schmale Halbinsel zum Cap de Formentor.

22

Das Tal öffnet sich nach oben hin zu einer weiten Grasmulde und geführt von Steinmännern steigen wir auf Ziegenpfaden links des Baches aufwärts zur **ehemaligen Militärstraße**.

Auf ihr bald in sanft ansteigenden Serpentinen auf einen aussichtsreichen Sattel. Links zweigt der Steig zum Gipfel des Fumat ab, der rechts des felsigen Grates aufwärts führt.

Zum Schluss umgehen wir links die Gipfelfelsen und erreichen das Vermessungszeichen auf dem **Fumat** (334 m), auf dem sich eine berauschende Aussicht bietet.

Vom Gipfel steigen wir wieder zum Sattel ab und folgen der Militärstraße links hinab. Nach einigen Serpentinen quert sie unterhalb mächtiger Steilwände leicht fallend einen Grashang. Kurz bevor wir auf dem zunehmend verwachsenen Weg den Bergkamm erreichen, hinter dem sich unser Ausgangspunkt versteckt, steigen wir links zur nahen Straße ab. Wir gehen auf der Straße rechts über den Bergkamm und erreichen nach wenigen hundert Metern wieder die **Parkbucht**.

Das kristallklare Wasser in der einsamen Cala En Gossalba lockt zu einem erfrischenden Bad.

Von der Ermita de la Victòria zur Penya Rotja

23

Zum atemberaubenden Wachposten: Ermita de la Victòria – Puig de Romaní – Penya Rotja – Ermita de la Victòria

Von Alcúdia streckt sich eine bewaldete, gebirgige Halbinsel zum Cap des Pinar und trennt die riesigen Buchten von Pollença und Alcúdia. Ein atemberaubender Weg führt am Bergkamm der Halbinsel entlang zum vorgeschobenen Wachposten an der Penya Rotja, der mit uneingeschränkter Fernsicht begeistert.

anspr.

5 km

2 Std.

▶ **Tourencharakter:** Eine kurze, schattige Wanderung, die auf den ausgesetzten Wegabschnitten Trittsicherheit und Schwindelfreiheit erfordert. Von der alten Wachanlage an der Penya Rotja und vom Gipfel des Puig de Romaní bieten sich herrliche Ausblicke über die Küste und das Meer. Die Wanderung kann mit Tour 24 verknüpft werden.
▶ **Beste Jahreszeit:** Das ganze Jahr über.
▶ **Ausgangs- und Endpunkt:** Der Parkplatz an der Ermita de la Victòria.
▶ **Markierung:** Wegweiser.
▶ **Verkehrsanbindung:** Mit dem Auto in Alcúdia nach Mal Pas bzw. Bon Aire abbiegen, geradeaus der Beschilderung zur Ermita de la Victòria folgend durch den Ort und auf schmaler Straße hinauf zum Parkplatz am Ende der Straße. Gute Busverbindung aus mehreren Richtungen nach Alcúdia. Von dort mit dem Taxi zum Ausgangspunkt.
▶ **Einkehr:** Am Ausgangspunkt im Restaurant Mirador de la Victòria.
▶ **Unterkunft:** In Alcúdia.
▶ **Tourist-Info:** O.I.T. Municipal Alcúdia, Mariners, Tel. 971 547257; O.I.T. Municipal Port de Alcúdia, Carretera d'Arta 68, Tel. 971 892615.

Der Wegverlauf

Vom Parkplatz vor dem Ausflugslokal an der **Ermita de la Victòria** (140 m), in der eine wundertätige Madonna verehrt wird, wandern wir auf einer mit Schlagbaum gesperrten Forststraße durch den Wald aufwärts. Nach ca. 15 Minuten zweigt kurz nach einer Rechtskehre links ein Wanderweg ab, auf den wir abbiegen (Wegweiser Penya des Migdia und Penya Rotja). Er führt uns durch den Wald kurz aufwärts und läuft dann sanft abwärts. Nach Regenfällen kann der erdige Steig recht rutschig werden. Dafür entschädigt er mit herrlichen Panoramablicken zur **Formentor-Halbinsel** und zu den Felstürmen rund um die Penya Rotja. Der herrliche Weg quert nun hoch über dem Meer

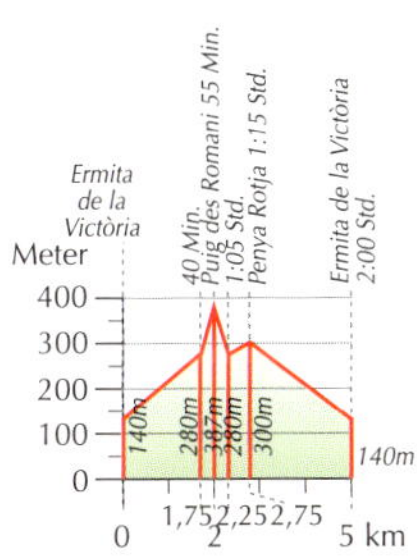

23

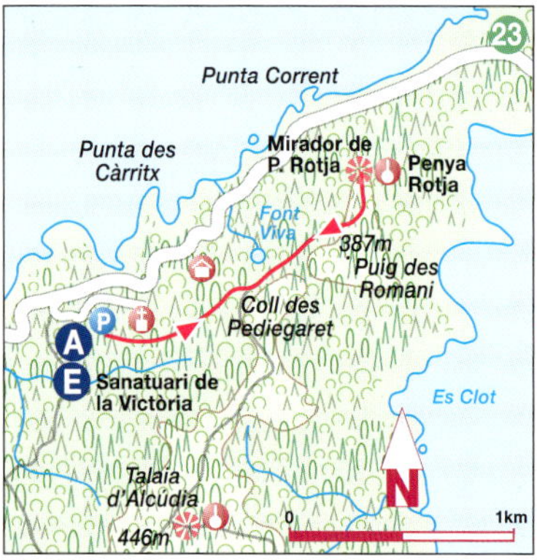

durch zunehmend steilere, felsdurchsetzte Hänge. Bald geht es unter überhängenden Felswänden hindurch und nach der Querung eines Steilhanges erreichen wir eine Wegkreuzung. Unser Weg führt weiterhin auf der Nordseite des Felskammes geradeaus (Wegweiser Penya des Migdia). Zuvor machen wir jedoch rechts (Wegweiser Puig des Romani) einen Gipfelabstecher. Der Steig führt uns steil zu einer Scharte hinauf, über der links die Felswand des Canó des Moro aufragt. Wir wenden uns nach rechts und folgen den wenig ausgeprägten Steigspuren, die auf oder knapp links neben dem Felskamm bergauf führen. Zwei harmlose Felsabbrüche gilt es zu überwinden, ehe wir den Gipfel des **Puig des Romani** (387 m) erreichen. Da die wenigsten Wanderer diesen Abstecher unternehmen, kann man hier im Gegensatz zum Hauptweg meist völlig ungestört die herrliche Aussicht genießen. Vom Gipfel steigen wir wieder zum Hauptweg hinab und folgen ihm weiter hinaus auf die Hauptinsel. Leicht fallend geht es bald auf einem Felsband unter überhängenden Felswänden entlang. Links bricht die Flanke steil zum Meer hin ab. Wir erreichen einen breiteren, mit Bäumen bewachsenen Absatz. Wenige Meter vor uns liegt jetzt eines der eindrucksvollsten Beispiele alter mal-

Alcúdia

Alcúdia gilt als die älteste Siedlung auf Mallorca, die schon unter phönizischer und griechischer Herrschaft ein blühendes Gemeinwesen war. Als Mallorca 123 v. Chr. von den Römern erobert wurde, machten diese sie unter dem Namen Pollentia (die Mächtige) zur Hauptstadt Mallorcas. Im 5. Jahrhundert wurde sie von den Vandalen zerstört, später aber von den Mauren wieder aufgebaut. Sie gaben ihr den Namen al Kudia (der Hügel), den sie bis heute trägt. Nach der christlichen Rückeroberung wurde Alcúdia ab dem 13. Jahrhundert zum Schutz vor Piraten mit den mächtigen Mauern umgeben, die bis heute die sehenswerte, unter Denkmalschutz stehende Altstadt umschließen. Die trutzige Pfarrkirche San Jaime war einst Eckpfeiler dieser Befestigung und besticht heute mit sehenswerten Kunstwerken. In der Nähe findet man römische Ausgrabungen und Richtung Port de Alcúdia die Reste des römischen Theaters.

lorquinischer Wegbaukunst. Wie ein Schwalbennest kleben die Trockenmauern in einer glatten Felswand und führen zu einem niedrigen, engen Durchlass an der Bergkante. Wir befinden uns jetzt im Inneren einer alten Wehranlage, von der uns eine zweite Pforte auf einen ausgesetzten, teils mit Geländer und Ketten gesicherten Weg entlässt. Er leitet uns durch eine Steilflanke zum nahen Mirador an der **Penya Rotja.** Das alte Tonnengewölbe diente einstmals Wachposten als Ausguck.

Nur erfahrene Bergsteiger können vom Mirador aus noch einen weiteren Abstecher unternehmen. Von den alten Gebäuden führt ein steiler Steig über Felsstufen und einen ausgesetzten Grat auf den Felsgipfel **Canó des Moro** (355 m). Seinen Namen verdankt er einem großen Kanonenrohr, das wohl im 16. Jahrhundert dort oben aufgestellt wurde und Teil der Verteidigungsanlage an der Penya Rotja war. Da der Felsgipfel allseits in steilen Wänden abbricht, muss man wieder zum Mirador absteigen. Von dort kehren wir auf dem bekannten Weg zurück zum Ausgangspunkt an der **Ermita de la Victòria**.

Der atemberaubende Weg führt durch eine Felswand zur alten Wehranlage an der Penya Rotja.

24 Zur Talaia d'Alcúdia

Felsberg und Traumstrand bei Alcúdia: Ermita de la Victòria – Talaia d'Alcúdia – Platja des Coll Baix – Talaia d'Alcúdia – Ermita de la Victòria

Der höchste Gipfel auf der gebirgigen Halbinsel östlich von Alcúdia ist die Talaia d'Alcúdia, die von Norden her einfach zu ersteigen ist. Unsere großzügige Rundtour führt von der Talaia auf einem aussichtsreichen Weg hinab in die herrliche Badebucht unter dem Coll Baix und über den steilen Südgrat zurück zum Gipfel.

anspr.

11 km

$4\frac{3}{4}$ Std.

▶ **Tourencharakter:** Eine lange Wanderung auf steinigen Bergpfaden. Nur der Anstieg vom Coll de ses Fontanelles zur Talaia d'Alcúdia ist anspruchsvoll, die übrigen Wegabschnitte sind leicht bis mittelschwer. Der Nordanstieg zur Talaia d'Alcúdia ist auch mit Kindern zu bewältigen. Wer nicht zum Ausgangspunkt zurück muss, kann über die Zufahrtsstraße zum Coll Baix nach Mal Pas bei Alcúdia wandern. Die Tour bietet an der Talaia d'Alcúdia herrliche Aussichtspunkte und an der Platja des Coll Baix gute Bademöglichkeiten und kann mit Tour 23 zu einer großen Wanderung verknüpft werden.

▶ **Beste Jahreszeit:** Frühjahr bis Herbst.

▶ **Ausgangs- und Endpunkt:** Der Parkplatz an der Ermita de la Victòria.

▶ **Markierung:** Wegweiser.

▶ **Verkehrsanbindung:** Mit dem Auto in Alcúdia nach Mal Pas bzw. Bon Aire abbiegen, geradeaus der Beschilderung zur Ermita de la Victòria folgend durch den Ort und auf schmaler Straße hinauf zum Parkplatz am Ende der Straße. Gute Busverbindung aus mehreren Richtungen nach Alcúdia. Von dort mit dem Taxi zum Ausgangspunkt.

▶ **Einkehr:** Am Ausgangspunkt im Restaurant Mirador de la Victòria.

▶ **Unterkunft:** In Alcúdia.

▶ **Tourist-Info:** O.I.T. Municipal Alcúdia, Mariners, Tel. 971 547257; O.I.T. Municipal Port de Alcúdia, Carretera d'Arta 68, Tel. 971 892615.

Der Wegverlauf

Vom Parkplatz vor dem Ausflugslokal an der **Ermita de la Victòria** (140 m) wandern wir auf einer mit Schlagbaum gesperrten Forststraße durch den Wald aufwärts. Nach einer Rechtskehre bleibt der Abzweig zur Penya Rotja (Tour 23) unbeachtet. Wir folgen weiterhin der Forststraße durch den Wald und wandern dann auf ihr über einen breiten Bergrücken (Wegweiser Talaia d'Alcúdia) auf den felsigen Gipfelaufbau der Talaia d'Alcúdia zu. Am Ende der Straße beginnt ein kunstvoll angelegter, mauergestützter Weg, der sich in Serpentinen nach oben windet. Von einer kleinen Scharte läuft der Weg rechts durch den Hang zu einem Kamm, auf dem wir eine Weggabelung erreichen. Geradeaus ist

der nahe Gipfel der **Talaia d'Alcúdia** (451 m) schnell erreicht. Von den Vermessungssäulen auf den Grundmauern des alten Wachturms bietet sich eine umfassende Rundsicht.

Wer die Rundtour mit dem Südanstieg zur Talaia d'Alcúdia unternehmen will, der hält sich an der Weggabelung links (Wegweiser Platja d'es Coll Baix). Der steinige Weg führt uns am Kamm entlang abwärts in eine Scharte, von der uns ein kurzer Gegenanstieg durch die Flanke des Puig d'es Baix leitet. Auf einem engen Serpentinenweg, der einen grandiosen Tiefblick zum Meer bietet, geht es schließlich hinab zur Hütte im **Coll Baix**. Von der Hütte links (Wegweiser Platja d'es Coll Baix) durch den Waldhang auf breit ausgetretenem Weg abwärts, bis man links haltend den schönen Strand der **Platja des Coll Baix** erreicht. Wochentags muss man sich die Bucht nur mit wenigen Booten teilen. Vom Strand geht es nach einem Bad wieder hinauf zum **Coll Baix**.

Von der Hütte folgen wir der breiten Kiesstraße abwärts (Wegweiser Coll de ses Fontanelles), über die an Wochenenden zahlreiche Einheimische von Mal Pas zum Pass herauffahren. In Kurven abwärts und dann flach talauswärts, bis wir vor einem kurzen Anstieg rechts auf einen groben Weg abbiegen (Wegweiser Coll de ses Fontanelles). Nach wenigen Metern an einer Linkskurve rechts auf einen Schotterweg, durch ein Bachbett und nach kurzer Strecke bei Steinmännern auf einen schmalen Weg, der am Bach entlangführt. Wir folgen nun, immer auf Begehungsspuren und Steinmänner achtend, dem Tal. Der Weg quert mehrmals das Bachbett und ist trotz des hohen Dissgrases meist gut auszumachen. Bevor sich das Tal nach oben hin schließt, steigt der Pfad deutlich

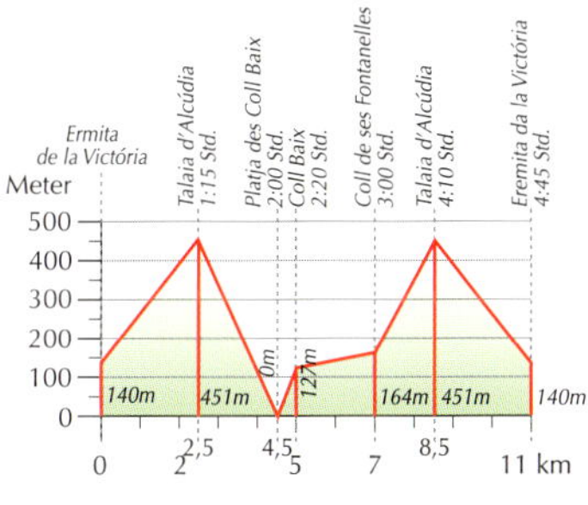

24

mit Steinmännern markiert durch den linken Hang an. Bald sehen wir zum Gipfel der Talaia d'Alcúdia hinauf. Wir steigen rechts einer Mulde zu einem steil nach links abbrechenden Gratrücken hinauf. Kurz unterhalb des Grates wendet sich der Weg nach rechts und führt uns in den **Coll de ses Fontanelles**.

Auf dem höchsten Punkt biegen wir bei einem Steinmann neben verwilderten Olivenbäumen rechts auf einen mit vielen Steinmännern markierten Pfad ab, der auf einem nach links ausholenden Bergrücken zur Talaia d'Alcúdia ansteigt. Nach einem fast ebenen Abschnitt wird eine Felsstufe rechts umgangen, ehe wir links zu dem felsdurchsetzten Grat ansteigen, der uns zu den Gipfelfelsen bringt. Über die gut gestuften, wenige Meter hohen Felsen klettern wir zu den Vermessungssäulen auf dem Gipfel der **Talaia d'Alcúdia** (451 m) hinauf. Vorbei an der Schutzhütte gehen wir vom Gipfel auf dem Normalweg hinab zur nahen Wegkreuzung, an der wir auf dem Hinweg zum Coll Baix abgebogen waren. Links führt uns der bekannte Weg zurück zum Ausgangspunkt an der **Ermita de la Victòria**.

Vom Gipfel der Talaia d'Alcúdia leitet ein Steig steil zur herrlichen Platja des Coll Baix hinab.

Zur Ermita de Betlem

25

Kloster in Traumlage: Betlem – Ermita de Betlem – Mirador – Ermita de Betlem – Betlem

Im Südosten wird die weite Bucht von Alcúdia von einer massigen Halbinsel begrenzt, deren Gipfel über 500 Meter hoch aufragen. Ein Pilgerweg führt von der Küste hinauf in die kahlen Berge der Serra de Llevant. Dort oben versteckt sich in einer fruchtbaren Talmulde die Ermita de Betlem.

- **Tourencharakter:** Eine einfache Wanderung auf altem, schmalem Pilgerweg, die von der Küstenebene zur Ermita de Betlem hinaufführt. Vom Aussichtspunkt nahe des Klosters herrliche Blicke über die Küste und die grenzenlosen Weiten des Meeres.
- **Beste Jahreszeit:** Das ganze Jahr über.
- **Ausgangs- und Endpunkt:** Die Küstenstraße westlich der Ansiedlung Betlem.
- **Markierung:** Wegweiser und Farbmarkierungen.
- **Verkehrsanbindung:** Mit dem Auto biegt man von der C-712, die von Artà nach Alcúdia führt, westlich von Artà auf die nach Colonia de Sant Pere ausgeschilderte Straße. Kurz vor Colonia de Sant Pere geradeaus auf die nach Betlem ausgeschilderte Nebenstraße und nach 3 km kurz vor Betlem am beschilderten Beginn der Wanderung parken. Keine Anfahrtsmöglichkeit mit öffentlichen Verkehrsmitteln.
- **Einkehr:** Keine.
- **Unterkunft:** In Artà oder den Küstenorten der Umgebung.

leicht

km 6 km

2¼ Std.

ja

Der Wegverlauf

Ca. 400 Meter vor der Villensiedlung **Betlem** beginnt rechts der Teerstraße eine Wirtschaftsstraße (Wegweiser Ermita de Betlem und S'Alqueria Vella), die uns zu den nahen **Cases de Betlem** führt. Bei den ersten Gebäuden rechts auf dem Fahrweg zu den Ruinen der Finca und dann den Markierungen folgend rechts aus dem Finca-Gelände.

Wir biegen links auf den alten Wallfahrtsweg (Wegweiser Ermita de Betlem), der an der Grenzmauer der Finca entlang bergan führt. Im steileren Gelände wendet sich der Weg nach rechts und läuft in gleich bleibender Höhe auf den engen Taleinschnitt zu, durch den der weitere Anstieg verlaufen wird. Wir treffen auf einen Querweg, auf dem wir den

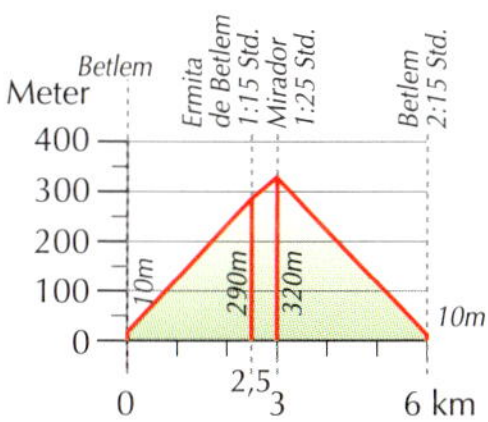

25

Ermita de Betlem

Anfang des 19. Jahrhunderts schenkte ein reicher Landbesitzer einigen Eremiten des »Ordens vom heiligen Paul und heiligen Antonius« in der kargen Abgeschiedenheit der Serra de Llevant ein Stückchen Land, auf dem sie sich niederlassen konnten. Da sie zu Beginn ihre Andacht in einem bescheidenen Stall abhalten mussten, erhielt die Einsiedelei in Anlehnung an die biblische Weihnachtsgeschichte den Namen Betlem. Die Arbeit der Mönche verwandelte das karge Tal bald in einen blühenden Terrassengarten und ein Kirchlein wurde erbaut, das Pilger als Wallfahrtsziel entdeckten.
Man erbaute die Pilgerherberge, in der heute die Mönche wohnen, und die Kirche konnte dank der Spenden mit Fresken, bunten Kachelbildern und Altären ausgeschmückt werden.

Markierungen folgend links aufwärts steigen. Nach einigen Serpentinen läuft der Weg oberhalb einer alten Staumauer in das wildromantische Tal.

Vor den bizarr verwitterten Felswänden, die den Talschluss bilden, links in Serpentinen aufwärts und nach dem Anstieg durch zwei Steinmauern. Nach einem kurzen Erholungsstück in Serpentinen zunehmend steiler durch einen Grashang auf eine bewaldete Kuppe.

Hier halten wir uns links und wandern an der Mauer entlang, die das Gelände des Klosters einfriedet. Wir erreichen eine Kreuzung und folgen geradeaus dem breiten Weg, der an der Mauer entlangführt (Wegweiser Ermita de Betlem). Nach einem Tor und der

25

Mariengrotte an der **Font de s'Ermita** ist der Eingang zur **Ermita Betlem** schnell erreicht.

Wir gehen zur nahen Kirche und rechts um das Gotteshaus herum zu einem grünen Türchen auf dessen Rückseite. Dort beginnt ein Steig, der uns in wenigen Minuten zu einem **Mirador** auf der vorgeschobenen Bergkuppe führt. Tief unter uns liegt die Bucht von Alcúdia, die im Osten vom Cap de Ferrutx begrenzt wird. Im Norden strecken sich gebirgige Halbinseln zum Cap des Pinar und zum Cap de Formentor. Vom Aussichtspunkt gehen wir zurück zur Ermita de Betlem und wandern auf dem Anstiegsweg wieder hinab zum Ausgangspunkt nahe **Betlem**.

Reiter auf dem Wallfahrerweg, der sich von der Küste zur Ermita de Betlem hinauf schlängelt.

26 Von der Ermita de Betlem zum Puig de Ferrutx

Mächtiges Felsriff über der Küstenebene: Ermita de Betlem – Puig d'en Xoroi – Coll d'en Pelat – Puig de Ferrutx – Ermita de Betlem

Wie eine Oase liegt die Ermita de Betlem in den kargen Bergen nördlich von Artà. Während das Kloster ein beliebtes Ausflugsziel ist, kann der Wanderer auf dem Puig de Ferrutx, der mit atemberaubenden Steilwänden über der Küste aufragt, die herrlichen Aus- und Tiefblicke meist in völliger Einsamkeit genießen.

mittel

9 km

4 Std.

▶ **Tourencharakter:** Eine einsame, großteils schattenlose Wanderung durch das Bergland nördlich von Artà. Ziel ist der mit steilen Felswänden über der Küste aufragende Puig de Ferrutx, der eine atemberaubende Aussicht bietet. Die schmalen, teils verwachsenen Wege sollten nur bei guter Sicht begangen werden, da anderenfalls die Orientierung schwierig ist. Konditionsstarke Bergsteiger können die Wanderung mit Tour 25, die von der Küste zur Ermita de Betlem führt, zu einer großen Tageswanderung verknüpfen.
▶ **Beste Jahreszeit:** Frühjahr und Herbst.
▶ **Ausgangs- und Endpunkt:** Die Ermita de Betlem.
▶ **Markierung:** Steinmänner.
▶ **Verkehrsanbindung:** An der Durchgangsstraße im Zentrum von Artà biegt man in die zur Ermita de Betlem ausgeschilderte Nebenstraße und folgt den Wegweisern aus der Stadt. Auf der Straße ca. 5 km durch ein flaches Tal und dann in Kehren aufwärts zur Ermita de Betlem.
Keine Anfahrtsmöglichkeit mit öffentlichen Verkehrsmitteln.
▶ **Einkehr:** Keine.
▶ **Unterkunft:** In Artà und den benachbarten Küstenorten.
▶ **Tourist-Info:** O.I.T. Cala Ratjada, am Hauptplatz Plaça dels Pins, Tel. 971 563033 oder 971 566016.

Der Wegverlauf

Wir beginnen die Wanderung vor dem Eingang zur **Ermita de Betlem** und folgen einem grob geschotterten, deutlichen Weg nach links, der an der Mauer entlang bergan führt. Bald an verfallenen Häusern vorbei über einen Sattel und auf schmalem Weg durch Dissgras sanft bergab in eine Talmulde vor dem Massiv der Sa Talaieta.

Das Weglein läuft an zwei Kiefernbäumen vorbei und nach einem scharfen Rechtsknick durch den Gegenhang aufwärts, bis man den Blick auf die Bucht von Alcúdia genießen kann. Nun links kurz auf die felsige Sa Talaieta zu. Bevor sich die Bergflanke aufsteilt, rechts aufwärts an einer einzelnen Kiefer vorbei zu ei-

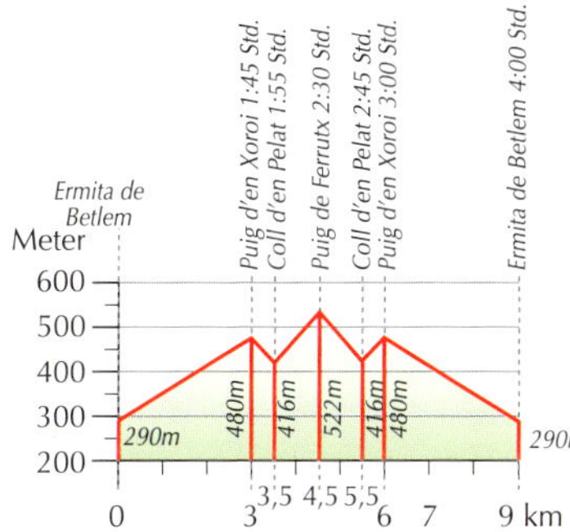

nem Steinmann auf dem Bergrücken. Wir folgen von dort leicht links haltend einem verwachsenen Karrenweg in Kehren abwärts und wandern danach durch einen schütteren Kiefernwald. Vor einer zweiten Kieferngruppe überklettern wir einen Zaun und gehen auf jetzt breitem Weg im Auf und Ab durch den Hang nach rechts. Der Weg knickt bald nach links und steigt stärker an.
Kurz vor einem mit wenigen Bäumen bewachsenen Sattel treffen wir auf einen breiten, groben Fahrweg, dem wir rechts aufwärts

Hoch über dem Meer führt ein schmaler Weg durch einsames Bergland zum Puig de Ferrutx.

26

bis zu seinem Ende unterhalb einer niedrigen Felsstufe folgen. Wir wechseln geradewegs auf einen schmalen, mit Steinmännern markierten Pfad. Er quert einen Zaun und steigt nach rechts durch den Hang zum Gipfelplateau des **Puig d'en Xoroi** (489 m) hinauf.

Wir wandern rechts um eine Felskuppe und dann kurz ansteigend an einer hellen Felsklippe vorbei. Zum ersten Mal am heutigen Tage sehen wir unser Ziel, den Puig de Ferrutx. Ein kurzer Abstieg auf wenig ausgeprägten Wegspuren bringt uns über einen Rücken in den nahen **Coll d'en Pelat** (416 m). Jenseits gerade aufwärts an einer einsamen Kiefer vorbei zum Vermessungszeichen auf dem Südostgipfel des **Puig de Ferrutx** (522 m).

Ein kurzer Abstecher leitet uns über einen breiten Felsrücken auf den nahen, mit einem Kreuz geschmückten **Nordwestgipfel** (522 m), der mit seinen Steilwänden wie ein Schiffsbug über der Küstenebene aufragt und atemberaubende Tiefblicke bietet. Von dort kehren wir auf dem vom Hinweg bekannten Steig zurück zum Ausgangspunkt an der **Ermita de Betlem**.

Der steile Felsgipfel des Puig de Ferrutx bietet eindrucksvolle Tiefblicke zur Bucht von Alcúdia.

Zur Talaia de Moreia

27

Einsamer Wachposten über dem Cap Ferrutx: Parkplatz – Sa Talaia – Talaia de Moreia – Sa Talaia – Parkplatz

Im Osten Mallorcas erstreckt sich der Gebirgszug der Serra de Llevant parallel zur Küste und erreicht auf der Halbinsel nördlich von Artà mit über 500 Metern seine größten Höhen. Durch dieses karge Bergland, das seit einigen Jahren als »Parc Natural de la Península de Llevant« vor Erschließungen geschützt ist, führt uns eine aussichtsreiche Wanderung.

▶ **Tourencharakter:** Anfangs auf einer breiten Piste, dann auf teils steilem und steinigem Steig über schattenlose Hänge zum alten Wachturm auf dem aussichtsreichen Gipfel.
▶ **Beste Jahreszeit:** Frühjahr und Herbst.
▶ **Ausgangs- und Endpunkt:** Der Parkplatz unterhalb des Sendeturms am Puig de Sa Tudossa.
▶ **Markierung:** Steinmänner.
▶ **Verkehrsanbindung:** Mit dem Auto im Ortszentrum von Artà auf die zur Ermita de Betlem ausgeschilderte Nebenstraße und den Wegweisern folgend aus der Stadt. Nach knapp 5 km biegen wir am Beginn eines Anstieges rechts in ein schmales Sträßchen (Wegweiser Aubarca i Es Verger). Bald durch das Tor der öffentlichen Finca S'Alqueria und an der folgenden Weggabelung geradeaus. Nun auf teils sehr schlechter Straße über einen Sattel und weiter zu einem Parkplatz am Beginn des Schlussanstiegs zum Funkturm auf dem Puig de Sa Tudossa, den wir ca. 5 km nach dem Abzweig von der Betlem-Straße erreichen. Keine Anfahrtsmöglichkeit mit öffentlichen Verkehrsmitteln.
▶ **Einkehr:** Keine.
▶ **Unterkunft:** In Artà und den benachbarten Küstenorten.
▶ **Tourist-Info:** O.I.T. Cala Ratjada, am Hauptplatz Plaça del Pins, Tel. 971563033 oder 971566016.

mittel
km 5,5 km
2 Std.
ja

Der Wegverlauf

Vom **Parkplatz** folgen wir einer mit Kette gesperrten Schotterpiste (Wegweiser S'Arenalet des Verger, Albarca), die den Hang sanft abwärts quert und uns herrliche Blicke zur Küste gewährt. Nach ca. 15 Minuten endet die breite Piste an einem Wendeplatz in einem **Sattel**. Kurz zuvor finden wir rechts den Abzweig auf einen Steig, der mit zahlreichen Steinmännern gekennzeichnet ist.
Der schmale, aber meist gut auszumachende Pfad leitet uns an einem felsdurchsetzten Grat entlang aufwärts zur Bergkuppe der **Sa Talaia**.

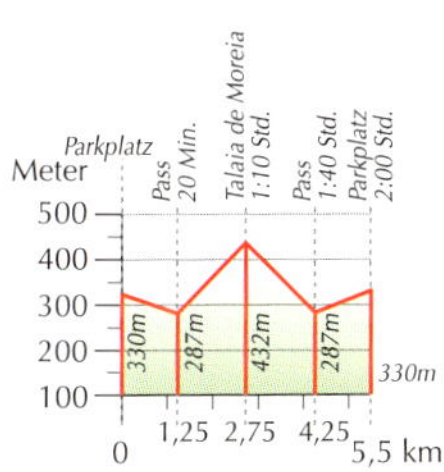

Von der einsamen Talaia de Morei reicht bei klarem Wetter die Sicht bis nach Menorca.

Nun gehen wir sanft abwärts in den folgenden Sattel und steigen dann auf dem steinigen Weg durch den Schlusshang aufwärts. Man achte auf die zahlreichen Steinmänner, um den besten Weg über den kahlen, mit Dissgras bewachsenen Bergrücken zu finden. Bald erhebt sich der alte Wachturm als verlockend naher Zielpunkt über uns.

Die teils felsige Flanke zwingt uns zu einem an einigen Stellen recht steilen, aber immer ungefährlichen Anstieg, der im schattenlosen Gelände recht anstrengend ist.

Bald erreichen wir die **Talaia de Moreia**, den Piratenausguck auf einem weltabgeschiedenen, 462 Meter hohen Berg. Mit Hilfe einer Einstiegsleiter kann man das Innere des alten Turms erkunden. Durch ein Loch in der Decke klettern wir hinauf auf den Ausguck, für den man keine bessere Stelle hätte finden können. Endlos sind von hier die

27

Artà

Das Landstädtchen Artà, das mit einem hübschen, vom Mittelalter geprägten Ortskern aufwarten kann, blickt auf eine lange Geschichte zurück. Schon um cirka 900 vor Christus siedelten hier Menschen, die südlich der heutigen Stadt die besuchenswerte Talaiot-Siedlung Ses Paisses erbauten. Vom arabischen Wort Jartan (der Garten) leitet sich der Ortsname ab. Nach der christlichen Rückeroberung wurde auf den Resten einer Moschee die sehenswerte gotische Stadtkirche als Wehrbau errichtet. Als Schutz gegen die Piratenüberfälle entstand über der Stadt auf einem aussichtsreichen Hügel die Burg. Heute führt der Stufenweg mit Kreuzwegstationen zur Wallfahrtskirche San Salvator auf dem Burgberg.

Blicke entlang der Küste. Wem die Kraxelei im Turm zu schwierig ist, der findet wenige Meter hinter dem Turm einen grandiosen Rast- und Aussichtsplatz, von dem Steilhänge über 400 Höhenmeter zur blauen Wasserfläche des Mittelmeeres abbrechen.
Vom Turm kehren wir auf dem bekannten Weg wieder zurück zum **Ausgangspunkt**.

Die riesige Bucht von Alcúdia wird im Süden von einem lang gezogenen Bergkamm begrenzt.

28 Am Torre d'Albarca

Wachturm über einsamen Stränden: Cala Estreta – Torre d'Albarca – Cala Font Celada – Torre d'Albarca – Cala Estreta

Im Osten von Mallorca sind in die felsige Küste zahllose kleine Buchten, die Calas eingebettet. Sie bieten oftmals herrliche Bademöglichkeiten und locken zahlreiche Urlauber an. Unsere Tour führt uns abseits der Touristenströme zu einsamen Buchten und einem der Wachtürme, die in früherer Zeit das Land vor überraschenden Piratenüberfällen schützen sollten.

leicht

8 km

2¾ Std.

ja

▶ **Tourencharakter:** Eine einfache, großteils schattenlose Wanderung auf breiten Wegen und schmalen Küstenpfaden. Der Torre d'Albarca bietet herrliche Ausblicke über das Meer und die einsame, durch zahlreiche Buchten gegliederte Felsküste. In der Cala Matzocs und in der einsamen Cala Font Celada locken Strände zu einem erfrischenden Bad.
▶ **Beste Jahreszeit:** Das ganze Jahr über.
▶ **Ausgangs- und Endpunkt:** Die breite Straße an der Cala Estreta.
▶ **Markierung:** Steinmänner und teils Farbmarkierungen.
▶ **Verkehrsanbindung:** Mit dem Auto von Artà auf der C-715 Richtung Capdepera und Cala Ratjada und am Ortsende von Artà links in das zur Cala Torta ausgeschilderte Teersträßchen. Auf ihm über den Coll des Racó zum Coll Paret, dann geradeaus abwärts Richtung Meer zu einer Straßengabelung. Hier nicht rechts zur Cala Torta, sondern geradeaus zur Gabelung an einem großen, baumbestandenen Platz. Auf schlechter Straße rechts abwärts zum Meer und dann auf breiter Straße kurz an der Küste entlang, bis die Straße an der Cala Estreta wieder ins Landesinnere ansteigt. Hier beginnt der Weg zum Torre d'Albarca. Keine öffentlichen Verkehrsmittel zum Ausgangspunkt.
▶ **Einkehr:** Keine.
▶ **Unterkunft:** In Artà oder den Ferienorten an der nahen Küste.
▶ **Tourist-Info:** O.I.T. Municipal Cala Ratjada, Plaça del Pins, Tel. 971 563033.

Der Wegverlauf

Wir steigen von der Straße auf deutlichem Weg rechts in das kleine Felstal, das unterhalb in die schmale Bucht **Cala Estreta** ausläuft. Jenseits führt uns der gute Steig kurz durch die Felsen aufwärts und läuft dann entlang der Klippenküste zur kleinen Bucht **Cala Déntol**.

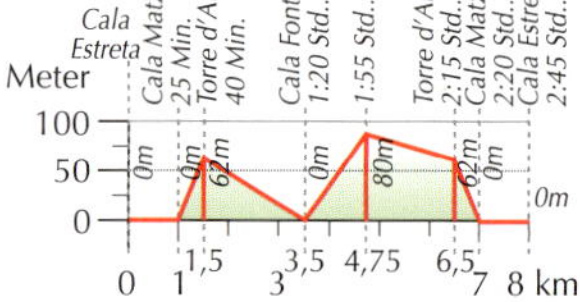

Auf dem folgenden Landvorsprung durch ein Metalltor in ein Tal, das auf dem breiten Weg durchquert wird. Wir er-

28

reichen die herrliche Bucht **Cala Matzocs** und wandern am Strand entlang. An seinem Ende steigen wir wenige Meter aufwärts zum schattigen Kiefernwald.

Jetzt entweder geradeaus durch den Waldhang bergauf oder aussichtsreicher im Rechtsbogen nahe der Küste aufwärts zum **Torre d'Albarca**. Seine vorgeschobene Lage auf hoch aufragenden Klippen bietet uns herrliche Ausblicke über die Küste.

Vom Turm wandern wir auf breitem, ebenem Weg auf dem bewaldeten Bergrücken in das Landesinnere. Nach kurzer Strecke liegt rechts ein verfallenes Steinhüttchen und ca. 100 Meter weiter weisen uns Steinmänner und ein aus Steinen gelegter Pfeil rechts auf einen schmalen, anfangs undeutlichen Pfad. Wir ge-

Auf einer Steilklippe hoch über dem Meer steht der alte Piratenausguck Torre d'Albarca.

28

hen kurz über umgestürzte Bäume und zwischen niedrigen Kiefern hindurch. Dann liegt der Weiterweg entlang der einsamen Felsküste deutlich vor uns. Wir folgen dem Steig abwärts zu einer Felsbucht.

Der steinige Weg steigt nochmals kurz zu einem Tor an. In gleich bleibender Höhe führt uns der Steig oberhalb der bizarr verwitterten Klippen über harmlose Felsplatten zur versteckt liegenden Bucht **Cala Font Celada**, in der ein einsamer Sandstrand zu einem Bad einlädt.

Am Ende des Strandes stoßen wir auf eine Fahrpiste, der wir links in das Tal folgen. Nach kurzer Zeit knickt die Schotterstraße nach links und leitet uns durch den Waldhang, vorbei an einer Hausruine, auf einen Hügelkamm. Jenseits kurz bergab und dann links in einen groben Fahrweg, der uns über den aussichtsreichen Bergrücken Richtung Meer führt. Bald passieren wir ein Tor und kurze Zeit später erreichen wir wieder den **Torre d'Albarca**. Rechts führt uns der vom Hinweg bekannte Pfad zurück zum Ausgangspunkt an der **Cala Estreta**.

Den Traumstrand in der Cala Font Celada muss man nur mit wenigen anderen teilen.

Am Cap de ses Salines

29

An der einsamen Südspitze von Mallorca: Cap de ses Salines – Cala Màrmols – Cap de ses Salines

An den bis heute unverbauten Küsten rund um das Cap de ses Salines lässt sich herrlich wandern. Eine einfache, oft begangene und für Kinder geeignete Tour führt an zahlreichen Badeplätzen vorbei von Colonia de Sant Jordí zum Kap. Wir unternehmen die etwas anspruchsvollere Tour, die vom Leuchtturm an der Felsküste entlang nach Osten läuft.

- **Tourencharakter:** Eine einsame, schattenlose Wanderung entlang der felsigen, teils bizarr erodierten Küstenlinie. Am Umkehrpunkt Bademöglichkeit in der Cala Màrmols.
- **Beste Jahreszeit:** Frühjahr und Herbst.
- **Ausgangs- und Endpunkt:** Der Leuchtturm am Cap de ses Salines.
- **Markierung:** Steinmänner.
- **Verkehrsanbindung:** Mit dem Auto der PM-610 folgen, die Santanyí mit Colonia de Sant Jordí verbindet. Zwischen Ses Salines und Es Llombards zweigt die zum Cap de ses Salines ausgeschilderte PM-611 nach Süden ab und führt bis zum Leuchtturm am Cap de ses Salines. Keine Anfahrtsmöglichkeit mit öffentlichen Verkehrsmitteln.
- **Einkehr:** Keine.
- **Unterkunft:** In den Küstenorten westlich und östlich des Cap de ses Salines.
- **Auskunft:** O.I.T. Colonia de Sant Jordí, Carrer Doctor Barraquer 5, Tel. 971 65 60 73.

mittel

10 km

3 Std.

Der Wegverlauf

Wir gehen auf der Straße bis vor das Eingangstor zum **Leuchtturm am Cap de ses Salines** und dann an der Mauer entlang rechts hinab in Richtung Meer. Nach kurzer Strecke links durch einen Mauerdurchbruch und zwischen Leuchtturm und Meer zu einer weiteren Mauer, die rechts umgangen wird. Anschließend wenige Meter aufwärts zu einem deutlichen Pfad, der uns zwischen niedrigen Büschen nahe der Küste nach Osten leitet. Nach ca. 10 Minuten zerfranst nach einem verfallenen Steinhaus und einem Brunnen der Weg in verschiedene Spuren. Meist lassen sich die Pfade am besten begehen, die etwas oberhalb der Felsküste durch die niedrigen Büsche laufen. Bald ist der leicht ansteigende Weg entlang der Klippen, die nach und nach an Höhe gewinnen, wieder gut auszumachen. Nach einem sanften Anstieg überklettern wir an der rechten, näher zum Meer gelegenen Einsturzstelle

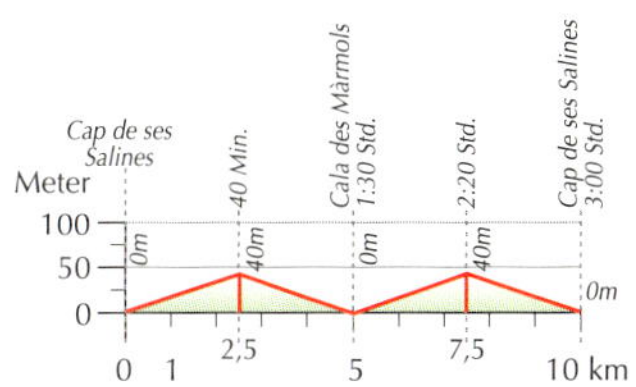

eine hohe Steinmauer. Vor uns liegt nun ein **Felstal**, das uns zu einem schwierigen Abstieg zwingt. Wir folgen der Abbruchkante kurz nach links und klettern am besten bei zwei Steinmännern zu einem Felsband ab, das den Steilhang waagrecht durchzieht. Auf dem Band ein kurzes Stück nach links und dann rechts in den nahen Talgrund hinab. Die schwierigste Stelle der Tour liegt nun hinter uns. Wir durchqueren das Bachbett, wandern rechts in Richtung Küste und steigen über roten Fels auf einem breiten Band bequem aufwärts. Bald erreichen wir einen schmalen, steinigen Pfad, der an der bizarr verwitterten Klippenküste verläuft. Nahe eines in die Klippen geschnittenen Naturtores wendet sich der Pfad etwas von der Küste ab und läuft durch eine mit Kiefern bestandene Mulde, um kurz darauf wieder die herrliche Küstenlinie zu erreichen. Entlang der ausgehöhlten Klippen erreichen wir eine Steinmauer. Der Pfad führt ein kurzes Stück links von der Küste weg aufwärts zum Rand der Cala des Màrmols. Entlang der Steilwände, die zum grünen Wasser der Bucht abbrechen, führt uns der Weg abwärts in ein Torrente-Tal, dem wir kurz nach links folgen. Dann steigen wir durch dürren Baumbestand oberhalb niedriger Wände zum Kiesstrand in der **Cala des Màrmols** ab. Links beginnt mit Stufen der nach Cala Llombards führende Weg, der allerdings im weiteren Verlauf teilweise recht schwer zu finden ist. Wir kehren auf dem bekannten Weg zurück zum **Cap de ses Salines**.

Am Leuchtturm am Cap de ses Salines beginnt und endet die Küstenwanderung.

Von Cala Pi zum Cap Blanc

30

Steile Klippen und schmale Traumbuchten: Cala Pi – Cala Beltrán – Cap Blanc – Cala Pi

Die Süd- und Ostküste Mallorcas ist berühmt für ihre malerischen Buchten mit bezaubernden Stränden wie jener in der Cala Pi. Entstanden sind diese von steilen Felswänden begrenzten Calas, als am Ende der Eiszeit der Meeresspiegel anstieg und das Wasser weit in zuvor schon gebildete Schluchten vordrang.

▶ **Tourencharakter:** Zu Beginn ein kurzer Steilanstieg aus der Cala Pi, dann eine einfache, weitgehend schattenlose Wanderung auf schmalem Küstenweg. Von den Klippen am Cap Blanc bieten sich weite Ausblicke auf das Meer und in der Cala Pi lockt ein schöner Sandstrand zu einem Bad.
▶ **Beste Jahreszeit:** Das ganze Jahr über.
▶ **Ausgangs- und Endpunkt:** Der Ferienort Cala Pi.
▶ **Markierung:** Steinmänner.
▶ **Verkehrsanbindung:** Mit dem Auto an der südlichen Ortsumfahrung von Llucmajor in die nach Cala Pi und zum Cap Blanc ausgeschilderte Straße und der Beschilderung folgend nach Cala Pi. Parkmöglichkeiten im Ort. Busverbindung von Llucmajor bzw. Palma nach Cala Pi.
▶ **Einkehr:** In Cala Pi.
▶ **Unterkunft:** In Cala Pi.

leicht
11 km
3½ Std.
ja

Der Wegverlauf

Wir folgen der Straße, die durch den kleinen **Urlaubsort Cala Pi** abwärts zum alten Wachturm auf dem vorgeschobenen Kap führt. An der Clubanlage Cala Pi biegen wir auf den zur Platja ausgeschilderten Treppenweg ein, der uns zum nahen Strand in der **Cala Pi** hinabbringt. Wir gehen über den Strand und finden unmittelbar nach dem Bootshaus mit betoniertem Flachdach einen schmalen Treppenweg, der durch den steilen Hang nach oben führt. Nach kurzer Strecke quert er oberhalb der Fischerhütten den felsdurchsetzten Hang, ehe uns einige Stufen zum Rand der Hochfläche hinaufleiten. Nun wenden wir uns nach links und folgen auf angenehmem Weg der aussichtsreichen Abbruchkante. Am Ausgang der Cala Pi biegt die Küstenlinie nach rechts und wir folgen einer der Pfadspuren, die uns etwas ins Landesinnere versetzt zur Ruine einer Steinhütte bringen. Direkt hinter der Hütte schneidet die schmale **Cala Beltrán** ins Land. Die von hellen Kalkfelsen gesäumte

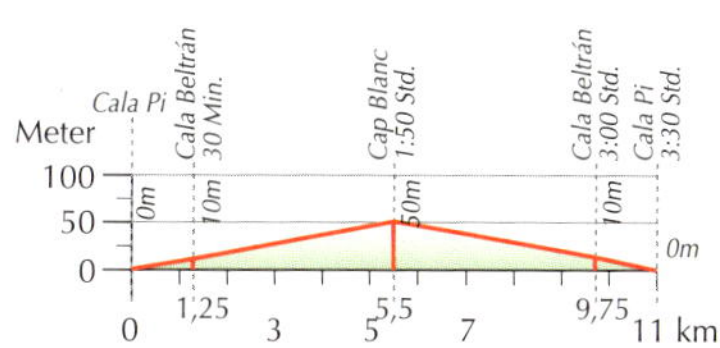

30

Die windgeschützte Cala Pi mit ihrem kristallklaren Wasser ist ein beliebter Ankerplatz.

Bucht mit ihrem kristallklaren, türkisfarbenen Wasser lädt uns zu einer ersten Rast ein.

Der Weiterweg führt uns von der Steinhütte entlang einer hohen Steinmauer ins Landesinnere zu einer Schotterpiste. Für den Rückweg prägen wir uns diesen Abzweig ein. Auf der Schotterstraße ca. 100 Meter nach links zu einigen Steinmännern, noch kurz weiter auf der Piste und bei den nächsten Steinmännern links auf einen Pfad. Nach wenigen Metern auf breitem Wanderweg links durch den Wald zur Küste. Bis zum Cap Blanc folgt die nun teils weglose Wanderung immer dem Küstenverlauf. Wir wenden uns nach rechts und wandern über zerrissene Felsplateaus an der Küste entlang um den Landvorsprung der **Punta de Capocorb**. Unser Weg steigt sanft an und zahllose Steinmänner leiten uns zwischen der Steilküste und der Macchia im Landesinneren ohne Probleme nach Westen. Wir treffen auf eine breite Kiesstraße, der wir ca. 200 Meter nach links folgen. Die Straße schwenkt ins Landesinnere und wir biegen an einem großen Steinmann links auf einen Weg, der uns durch Kiefern zum offe-

30

nen Gelände an der Küste führt. Nach kurzer Strecke halten wir uns vor dem Wald links und wandern hoch über dem Meer am Rand der Macchia zu einem runden Steinhüttchen. Auf gutem Pfad umrunden wir nun immer nahe der Steilklippen die Bucht Es Carril. Bald erreichen wir einen lichten Wald, der auf dem sonst schattenlosen Weg einige erholsame Rastplätze bietet. Überhängende Klippen gewähren uns einen fantastischen Rükkblick über die Bucht zur mächtigen Klippenhöhle Cova des Carril. Ein Tor leitet uns anschließend durch eine Mauer und wir steigen sanft aufwärts bis kurz vor den alten Wachturm am **Cap Blanc**. Hier endet unser Weg an der mit eindeutigem Warnschild versehenen Mauer, die das militärische Sperrgebiet umgibt. Auf dem bekannten Weg wandern wir an der Küste entlang zurück nach **Cala Pi**.

Ein alter Turm bewacht den Eingang in die malerische Cala Pi.

Register

MALLORCA

TOUREN KARTEN

Zum Heraustrennen

BRUCKMANN

1 Von Sant Elm nach Sa Trapa

Tiefblicke auf die Dracheninsel: Sant Elm – Torre Cala d'en Basset – Sa Trapa – Coll de ses Animes – Sant Elm

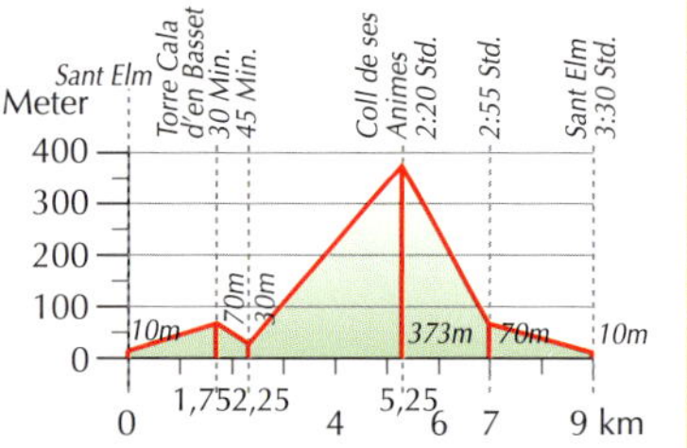

▶ **Ausgangs- und Endpunkt:** Die Plaça de Mossen Sebastiá Grau im nördlichen Ortsbereich von Sant Elm.

▶ **Markierung:** Wegweiser und rote Farbmarkierungen.

▶ **Verkehrsanbindung:** Mit dem Auto von Andratx über die PM-103 nach Sant Elm. Dort vom Strand am Ortseingang der Beschilderung zum Cap Blanca folgend auf der Hauptstraße im Rechtsbogen um die Fußgängerzone, wieder hinab zum Meer und rechts zur nahen Plaça de Mossen Sebastiá Grau. Busverbindung von Peguera über Andratx nach Sant Elm bis zur Endstation vor der Bar Es Muli.

▶ **Einkehr:** Am Ausgangs- bzw. Endpunkt der Wanderung die Bar Es Muli.

2 Von Andratx auf die Garrafa

Halbtagestour auf den wenig besuchten Aussichtsgipfel: Andratx – Garrafa – Andratx

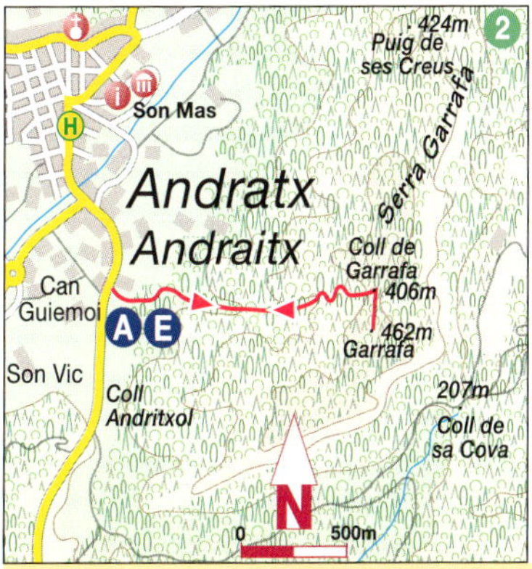

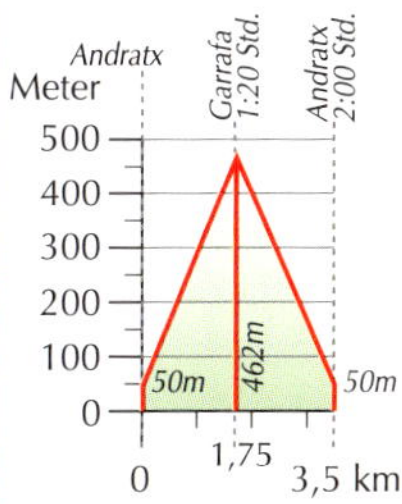

▶ **Ausgangs- und Endpunkt:** Die Tankstelle am südlichen Ortsrand von Andratx.

▶ **Markierung:** Steinmänner und gelbe Farbpunkte.

▶ **Verkehrsanbindung:** Von Palma auf der C-719 zur Tankstelle am südlichen Ortsrand von Andratx oder vom Stadtzentrum auf der nach Palma und Peguera ausgeschilderten Straße dorthin. Gute Busverbindungen von Palma nach Andratx und mehrmals wöchentlich Busse aus Richtung Valldemossa. Vom Busbahnhof erreicht man entlang der nach Palma ausgeschilderten Hauptstraße nach ca. 800 m den Ausgangspunkt.

▶ **Einkehr:** In Andratx.

3 Auf den Puig de Galatzó

Zum westlichsten Tausender auf Mallorca: Font des Pi – Puig de Galatzó – Font des Pi

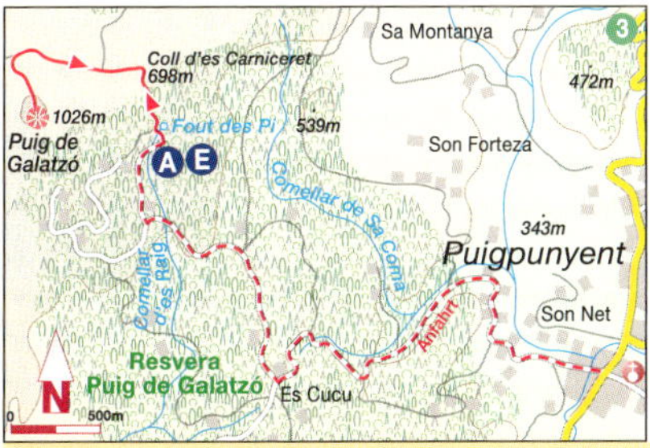

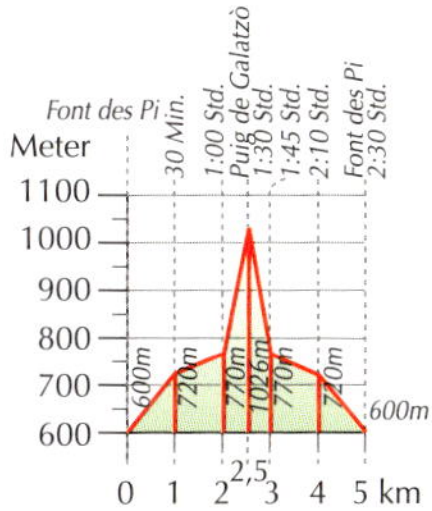

▶ **Ausgangs- und Endpunkt:** Die Quelle Font des Pi.

▶ **Markierung:** Wegweiser und rote Farbmarkierungen.

▶ **Verkehrsanbindung:** Mit dem Auto am südlichen Ortsrand von Puigpunyent von der Straße Richtung Galilea auf die durchgehend mit »Reserva de Puig de Galatzó« beschilderte Nebenstraße abbiegen. Nach 3 km an der Kreuzung neben dem Haus Es Cucui nicht abwärts zur »Reserva«, sondern unbeschildert auf schmaler Teerstraße rechts aufwärts. Rechts abgehende Straßen ignorieren, nach gut 1 km an den Felsen eines aufgelassenen Steinbruchs vorbei und nach weiteren 500 m rechts in die erste abzweigende Teerstraße. Jetzt steil und holprig 300 m zum Parkplatz an der Font des Pi. Keine öffentlichen Verkehrsmittel zum Ausgangspunkt.

▶ **Einkehr:** Keine.

4 Von Banyalbufar nach Port d'es Canonge

Einfache Wanderung zur kleinen Fischerbucht: Banyalbufar – Port d'es Canonge – Banyalbufar

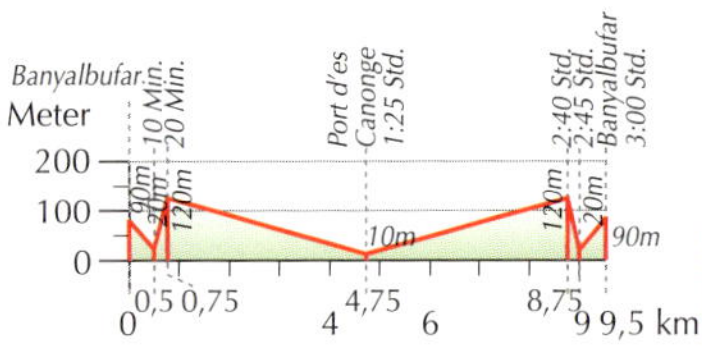

▶ **Ausgangs- und Endpunkt:** Entweder das Ortszentrum von Banyalbufar oder ein Parkplatz außerhalb des Ortes an der C-710.

▶ **Markierung:** Wegweiser.

▶ **Verkehrsanbindung:** Mit dem Auto von Banyalbufar auf der C-710 in Richtung Valldemossa zu einem Parkplatz an der Kehre bei Kilometer 85,3. Hier beginnt der breite Weg, der nach kurzer Strecke auf die beschriebene Route trifft. Von Palma täglich und von Peguera und Valldemossa mehrmals wöchentlich Busverbindung nach Banyalbufar.

▶ **Einkehr:** In Banyalbufar und Port d'es Canonge.

5 In den Bergen über Valldemossa

Lange Panoramarunde zum Teix: Valldemossa – Poyet – Veia – Puig des Caragoli – Teix – Valldemossa

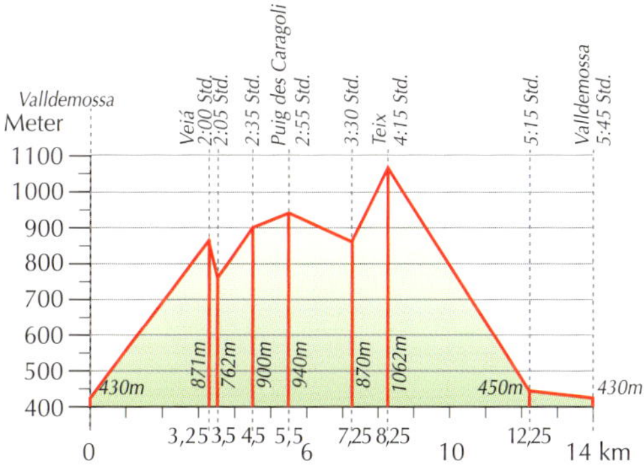

▶ **Ausgangs- und Endpunkt:** Die Plaça Campdevánol mit der Bushaltestelle an der Durchgangsstraße in Valldemossa.

▶ **Markierung:** Wegweiser und Farbmarkierung.

▶ **Verkehrsanbindung:** Mit dem Auto von Palma über die PM-111 bzw. von Andratx oder Sóller über die Küstenstraße C-710 nach Valldemossa. Großer, an die Plaça Campdevánol anschließender Parkplatz an der östlichen Ausfallstraße von Valldemossa. Busverbindungen aus mehreren Richtungen nach Valldemossa.

▶ **Einkehr:** In Valldemossa.

6 Von Bunyola zur Alqueria

Tiefblick auf die Ebene von Palma: Bunyola – Alqueria – Pas de Sa Fesa – Bunyola

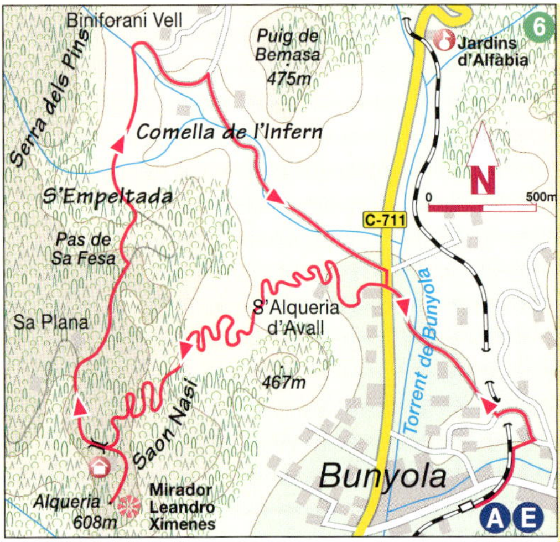

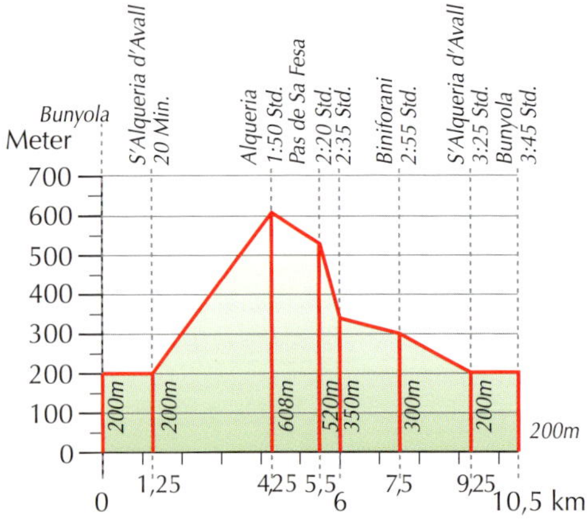

▶ **Ausgangs- und Endpunkt:** Entweder der Bahnhof in Bunyola oder eine Parkbucht nahe der Finca S'Alqueria d'Avall.

▶ **Markierung:** Teils Steinmänner und rote Farbpunkte.

▶ **Verkehrsanbindung:** Mit dem Auto auf der C-711 von Palma kommend am Abzweig nach Bunyola vorbei in Richtung Sóller fahren. Nach gut 1 km findet man an der linken Straßenseite unterhalb der mächtigen, allein stehenden Finca S'Alqueria d'Avall zwischen zwei abzweigenden Straßen eine Parkbucht, an der man die Tour beginnen kann. Die Bahnstation in Bunyola liegt an der historischen, vom »Roten Blitz« befahrenen Strecke von Palma nach Sóller.

▶ **Einkehr:** In Bunyola.

7 Von Bunyola zum Penyal d'Honor

Stilles Waldgebirge bei Bunyola: Bunyola – Penyal d'Honor – Ca's Garriguer – Sa Cova – Bunyola

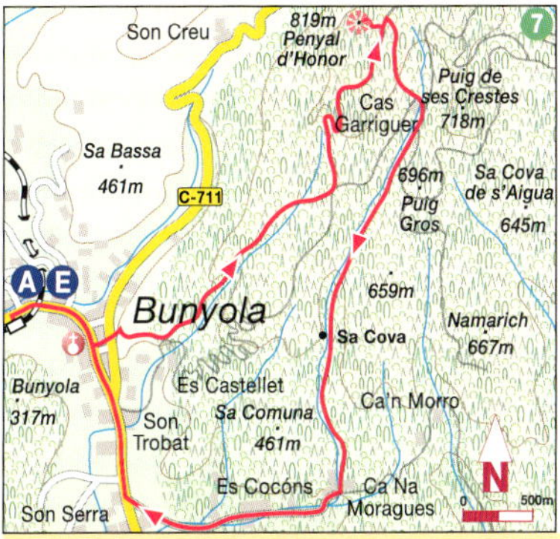

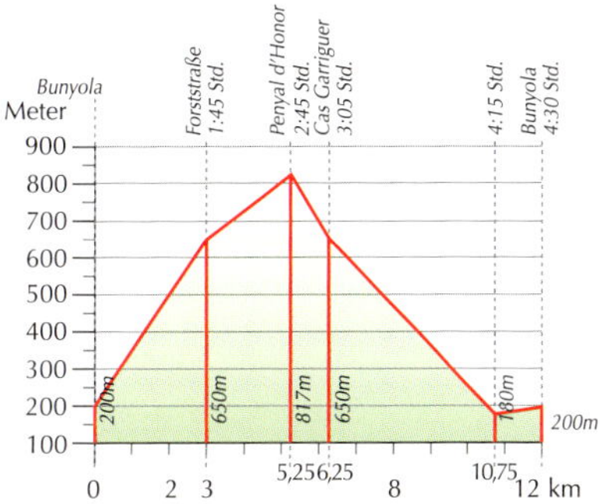

▶ **Ausgangs- und Endpunkt:** Der Bahnhof von Bunyola.

▶ **Markierung:** Wegweiser und Farbpunkte.

▶ **Verkehrsanbindung:** Mit dem Auto von der C-711 auf halber Strecke zwischen Palma und Sóller der Beschilderung folgend in das nahe Bunyola. Die Bahnstation in Bunyola liegt an der historischen, vom »Roten Blitz« befahrenen Strecke von Palma nach Sóller.

▶ **Einkehr:** In Bunyola.

8 Auf den Burgberg von Alaró

Mittelalterliches Kastell über senkrechten Steilwänden: Orient – Pla d'es Pouet – Puig d'Alaró – Orient

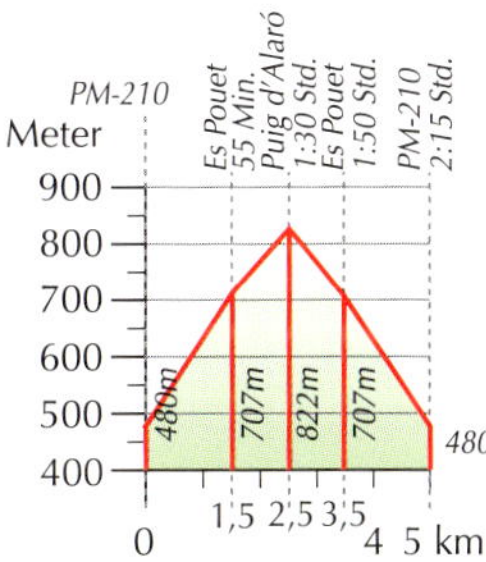

▶ **Ausgangs- und Endpunkt:** Der Beginn des Wanderweges bei Kilometer 11,8 der Straße, die Orient mit Alaró verbindet.

▶ **Markierung:** Wegweiser.

▶ **Verkehrsanbindung:** Auf der PM-210 von Bunyola (schmal und kurvig) nach Orient bzw. von Alaró (gut ausgebaut) bis kurz vor Orient. Ca. 1,5 km östlich von Orient beginnt kurz nach dem Hotel Hermitage an einem Metalltor oberhalb der PM-210 der Anstiegsweg. Keine Anfahrtsmöglichkeit mit öffentlichen Verkehrsmitteln.

▶ **Einkehr:** Im Restaurant Castell d'Alaró auf dem Gipfel des Puig d'Alaró.

9 Son Morroig, Sa Foradada und der »Verlorene Weg«

Vom Herzogsgut zum einsamen Fischerdorf: Son Morroig – Sa Foradada – S'Estaca – Sa Foradada – Son Morroig

▶ **Ausgangs- und Endpunkt:** Das Herrenhaus Son Morroig.

▶ **Markierung:** Teils Steinmänner.

▶ **Verkehrsanbindung:** Von Valldemossa bzw. Sóller auf der Küstenstraße C-710 zum Parkplatz am Herrenhaus Son Morroig. In Son Morroig Haltestelle der Busse, die zwischen Sóller und Valldemossa verkehren.

▶ **Einkehr:** Im Restaurant Mirador de Sa Foradada nahe dem Herrenhaus Son Morroig.

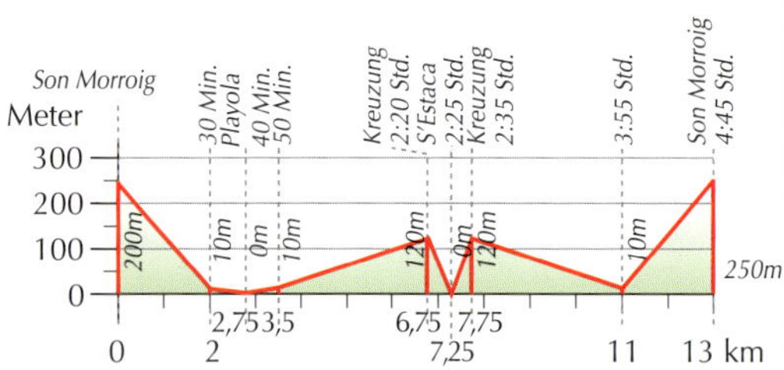

10 Von Deià nach Port de Sóller

Malerische Dörfer an der Küste: Deià – Cala Deià – Llucalcari – Finca Son Mico – Finca Muleta Gran – Port de Sóller

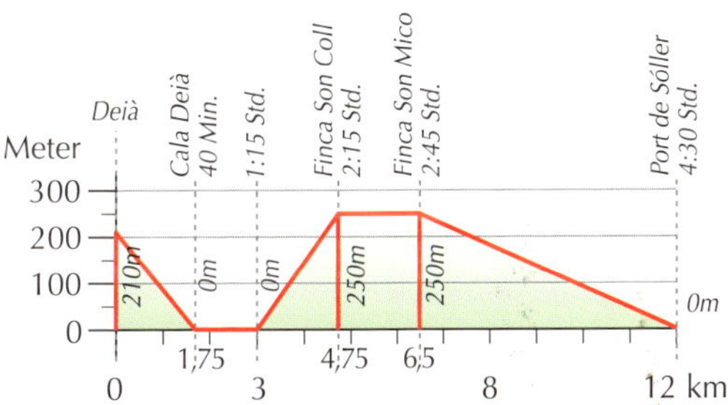

▶ **Ausgangspunkt:** Die Bushaltestelle an der Durchgangsstraße in Deià.

▶ **Endpunkt:** Die Bucht von Port de Sóller.

▶ **Markierung:** Wegweiser und Farbmarkierungen.

▶ **Verkehrsanbindung:** Deià liegt an der Küstenstraße C-710 zwischen Sóller und Valldemossa. Ideal ist die Anfahrt mit dem Auto, wenn zwei Fahrzeuge vorhanden sind, die am Ausgangs- und am Endpunkt abgestellt werden können. In Deià Haltestelle der Buslinie von Port de Sóller und Sóller nach Valldemossa und Palma.
In Port de Sóller liegt die Abfahrtsstelle der Busse in einer Nebenstraße an der Hafenbucht. Während der Wandersaison sind die Busse oftmals überlastet, dann am besten zusammen mit anderen Fahrgästen ein Taxi nehmen (Taxistand in der Nähe Richtung Hafen). Geht man die Tour in umgekehrter Richtung an, kann man in Deià vor überfüllten Bussen stehen. Hier gibt es allerdings keinen Taxistand.

▶ **Einkehr:** In Deià, Cala Deià, Finca Son Mico und Port de Sóller.

11 Zur Cala Tuent

Die klassische Küstentour: Mirador de ses Barques – Finca Bàlitx d'Avall – Coll de Biniamar – Cala Tuent

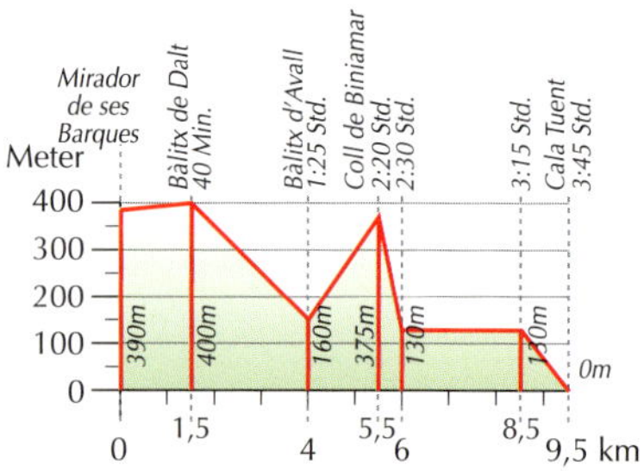

▶ **Ausgangspunkt:** Der Parkplatz am Mirador de ses Barques.

▶ **Endpunkt:** Die Bootsanlegestelle in der Cala Tuent.

▶ **Markierung:** Wegweiser und Farbmarkierungen.

▶ **Verkehrsanbindung:** Der Mirador de ses Barques liegt oberhalb von Sóller an der C-710 in Richtung Lluc. Am Mirador Haltestelle der Buslinie von Port de Sóller (Abfahrt in einer Seitenstraße nahe der Hafenbucht) und Sóller nach Lluc und Pollença. Die Busse sind in der Wandersaison oftmals überlastet und können nicht alle Fahrgäste mitnehmen. Dann am besten mit anderen Wanderern am Taxistand an der nahen Bucht gemeinsam ein Taxi nehmen. Die Rückfahrt von der Cala Tuent nach Port de Sóller erfolgt mit dem Schiff. Unbedingt vor der Wanderung an der Verkaufsstelle im Hafen von Port de Sóller ein Ticket kaufen und die aktuellen Abfahrtszeiten in der Cala Tuent erfragen. Bei hohem Wellengang kann die Anlegestelle in der Cala Tuent nicht angelaufen werden!

▶ **Einkehr:** In der Finca Bàlitx d'Avall und in Cala Tuent.

12 Durch den Barranc de Biniaraix

Bergab auf altem Pilgerweg: Cúber-Stausee – Coll de L'Ofre – Barranc de Biniaraix – Biniaraix – Sóller

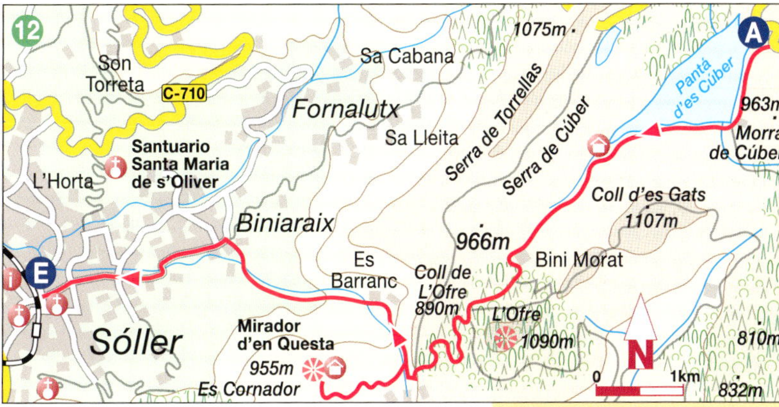

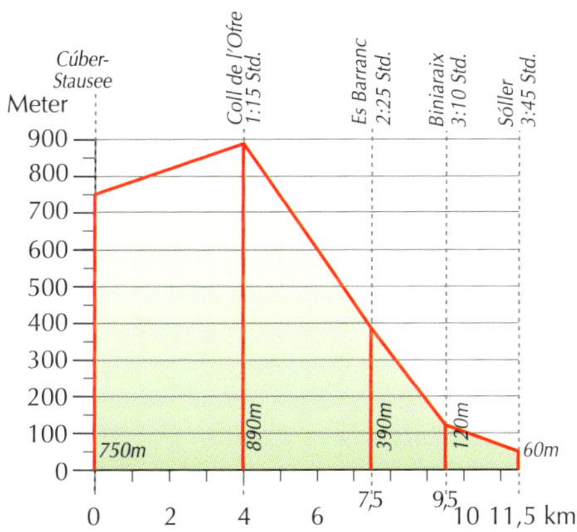

▶ **Ausgangspunkt:** Der Parkplatz am Cúber-Stausee.

▶ **Endpunkt:** Das Ortszentrum von Sóller.

▶ **Markierung:** Wegweiser und Farbmarkierungen.

▶ **Verkehrsanbindung:** Der Cúber-Stausee liegt zwischen Sóller und Lluc an der C-710. Die Anfahrt mit eigenem Fahrzeug ist nur empfehlenswert, wenn man ein zweites Fahrzeug in Biniaraix oder Sóller zur Verfügung hat.
Die Busse der Linie von Port de Sóller und Sóller nach Lluc und Pollença halten bei Bedarf am Ausgangspunkt der Tour am Cúber-Stausee.

▶ **Einkehr:** In Biniaraix und Sóller.

13 Über dem Cúber-Stausee

Einsame Berge im Herzen der Serra Tramuntana: Cúber-Stausee – L'Ofre – Puig de Sa Rateta – Cúber-Stausee

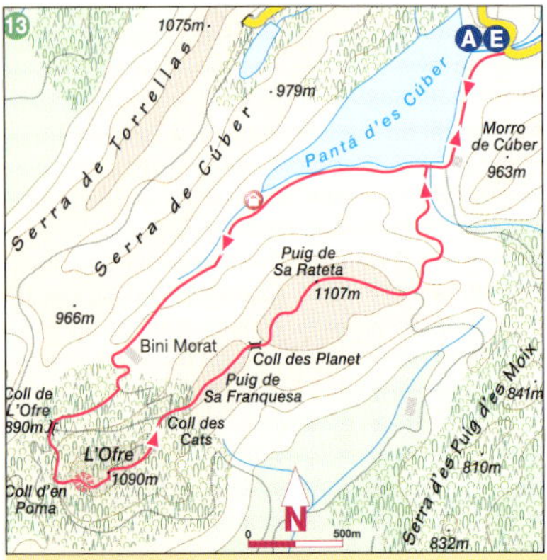

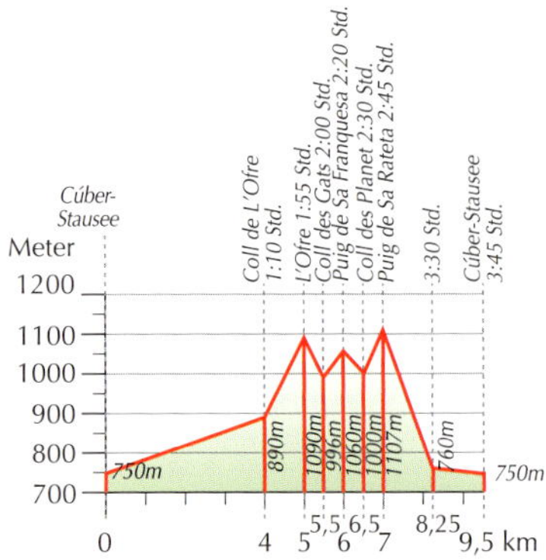

▶ **Ausgangs- und Endpunkt:** Der Parkplatz am nordöstlichen Ufer des Cúber-Stausees.

▶ **Markierung:** Farbmarkierungen und Steinmänner.

▶ **Verkehrsanbindung:** Der Cúber-Stausee liegt zwischen Sóller und Lluc an der C-710. Die Busse der Linie von Port de Sóller und Sóller nach Lluc und Pollença halten bei Bedarf am Ausgangspunkt der Tour am Cúber-Stausee.

▶ **Einkehr:** Keine.

14 Rund um die Tossals Verds

Durch wasserreiche Täler: Cúber-Stausee – Refugi Tossals Verds – Coll des Coloms – Cúber-Stausee

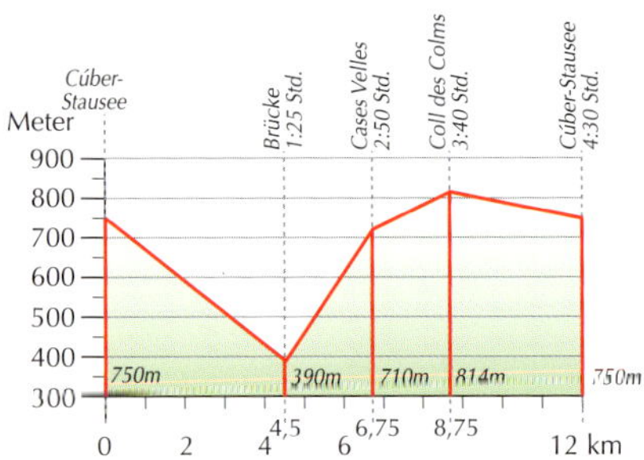

▶ **Ausgangs- und Endpunkt:** Der Parkplatz am nordöstlichen Ufer des Cúber-Stausees.

▶ **Markierung:** Wegweiser und Farbmarkierungen.

▶ **Verkehrsanbindung:** Der Parkplatz am Cúber-Stausee liegt an der C-710, die von Sóller durch das Bergland nach Lluc führt. Die Busse der Linie von Port de Sóller und Sóller nach Lluc und Pollença halten bei Bedarf am Ausgangspunkt der Tour am Cúber-Stausee.

▶ **Einkehr:** Im Refugi Tossals Verds.

15 Durch den Torrent de Pareis

Schluchtabenteuer für erfahrene Bergsteiger: Escorca – S'Entreforc – Torrent de Pareis – Sa Calobra

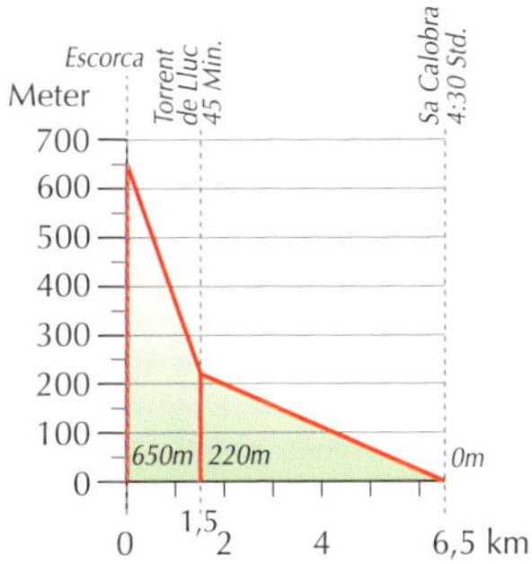

▶ **Ausgangspunkt:** Das Restaurant in Escorca an der C-710.

▶ **Endpunkt:** Sa Calobra.

▶ **Markierung:** Farbpunkte und Steinmänner.

▶ **Verkehrsanbindung:** Wenn zwei Fahrzeuge zur Verfügung stehen, kann man eines in Sa Calobra abstellen und mit dem zweiten zum Ausgangspunkt in Escorca wenige Kilometer westlich von Lluc direkt an der C-710 fahren. Mit einem Fahrzeug am besten in Escorca parken und nachmittags gegen 15 Uhr mit dem Bus (nur wochentags, unbedingt Abfahrtszeit überprüfen), der von Sa Calobra Richtung Lluc, Pollença und Ca'n Picafort fährt, zum Ausgangspunkt zurückkehren (Vorsicht, der Bus kann überfüllt sein). Ohne eigenes Fahrzeug fährt man morgens von Port de Sóller mit dem Bus, der Richtung Lluc und Pollença verkehrt, nach Escorca und mit dem Schiff von Sa Calobra (gegen 17 Uhr letzte Rückfahrt, unbedingt am Tag vorher abklären) zurück nach Port de Sóller.

▶ **Einkehr:** In Escorca und Sa Calobra.

16 Auf die Massanella

Der höchste Wandergipfel: Coll de sa Bataia – Coll de sa Línia – Font des Avenc – Massanella – Coll de sa Bataia

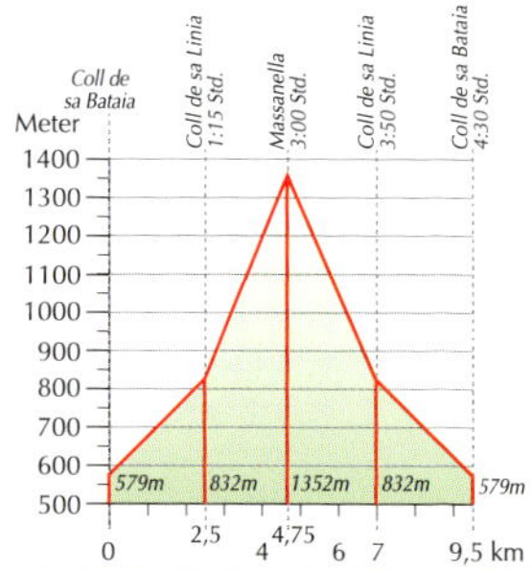

▶ **Ausgangs- und Endpunkt:** Der Coll de sa Bataia südlich oberhalb von Lluc.

▶ **Markierung:** Wegweiser, Farbmarkierungen und Steinmänner.

▶ **Verkehrsanbindung:** Aus Richtung Sóller oder Pollença auf der C-710 bis zu einer Kreuzung bei Kilometer 20,5 nahe Lluc und dort auf der PM-223 Richtung Inca kurz aufwärts zum nahen Coll de sa Bataia.
Mit dem Bus von Palma, Pollença oder Sóller zum Kloster Lluc, von dort zu Fuß in ca. 20 Min. aufwärts zum Coll de sa Bataia.

▶ **Einkehr:** Am Coll de sa Bataia.

17 Rund um das Kloster Lluc

Schattige Wälder, bizarre Felsen: Kloster Lluc – Finca Minut – Coll Pelat – Binifaldó – Kloster Lluc

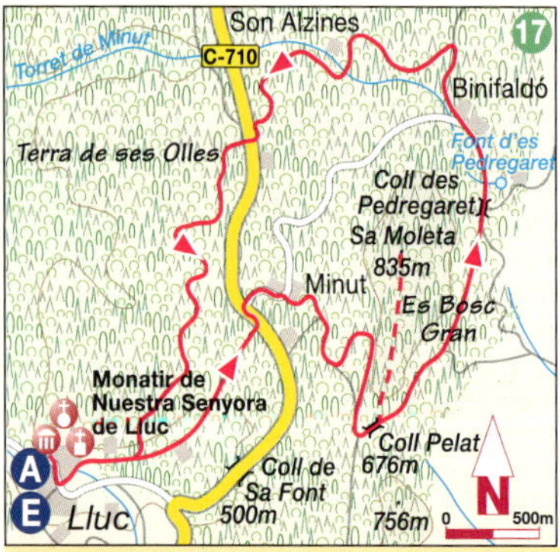

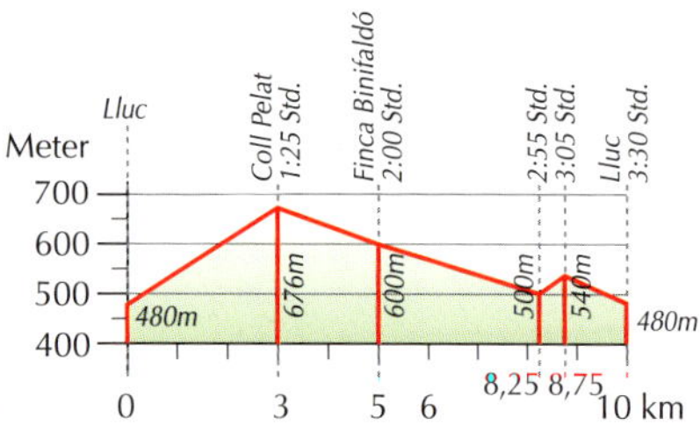

▶ **Ausgangs- und Endpunkt:** Das Kloster Lluc.

▶ **Markierung:** Wegweiser und Farbmarkierungen.

▶ **Verkehrsanbindung:** Aus Richtung Sóller oder Pollença auf der C-710 zum beschilderten Abzweig nach Lluc und abwärts zum nahen Kloster. Mit dem Bus von Palma, Pollença oder Sóller zum Kloster Lluc.

▶ **Einkehr:** In Lluc.

18 Auf den Tomir

Mächtiger Felsgipfel über Lluc: Coll de Pedregaret – Tomir – Coll de Pedregaret

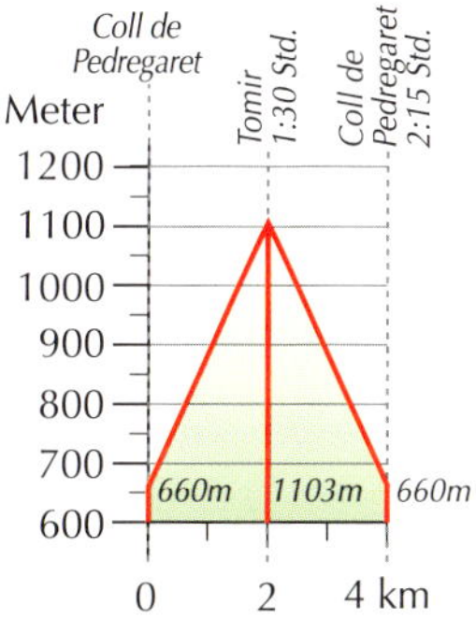

▶ **Ausgangs- und Endpunkt:** Der Parkplatz am Coll de Pedregaret.

▶ **Markierung:** Rote Farbmarkierung und Steinmänner.

▶ **Verkehrsanbindung:** Mit dem Auto vom Abzweig zum Kloster Lluc auf der C-710 Richtung Pollença und nach kurzer Fahrt bei Kilometer 17,4 rechts in eine schmale, geteerte Nebenstraße. Aufwärts zur Gabelung an der Finca Minut und dort links auf der Zufahrtsstraße zur Mineralwasser-Abfüllanlage durch das Tor (an Sonn- und Feiertagen verschlossen). Vorbei an der Finca Binifaldó hinauf zum Parkplatz auf dem Coll des Pedregaret. Busverbindung von Palma, Pollença und Sóller zum Kloster Lluc. Von dort Tour 17 folgend zur Finca Minut und entweder auf dem beschriebenen Wanderweg oder etwas kürzer auf der Teerstraße zum Coll de Pedregaret (zusätzlich 1 1/2–2 Std.).

▶ **Einkehr:** Keine.

19 Rund um den Puig Roig

Klassische Tour im Reich der Mönchsgeier: Lluc – Finca Mossa – Pas d'en Segarra – Finca Es Cosconar – Lluc

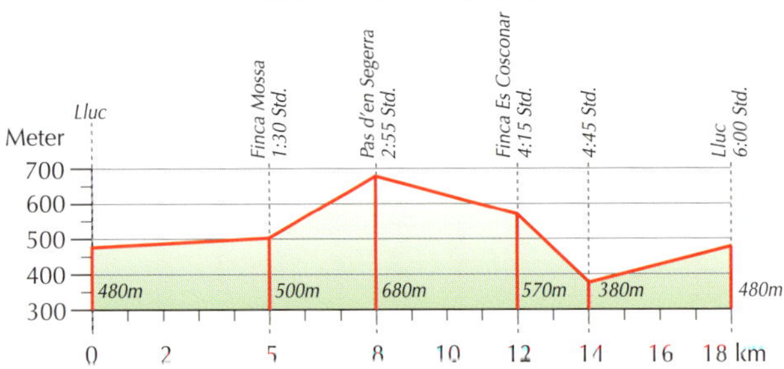

▶ **Ausgangs- und Endpunkt:** Das Kloster Lluc.

▶ **Markierung:** Teilweise Farbmarkierungen und Steinmänner.

▶ **Verkehrsanbindung:** Aus Richtung Sóller oder Pollença auf der C-710 zum beschilderten Abzweig nach Lluc und abwärts zum nahen Kloster. Mit dem Bus von Palma, Pollença oder Sóller zum Kloster Lluc.

▶ **Einkehr:** In Lluc.

20 Von Mortitx zur Küste

Einsame Klippen und Schluchten: Finca Mortitx – Rafal d´Ariant – Cala d'Ariant – Rafal d´Ariant – Torrent de Mortitx – Finca Mortitx

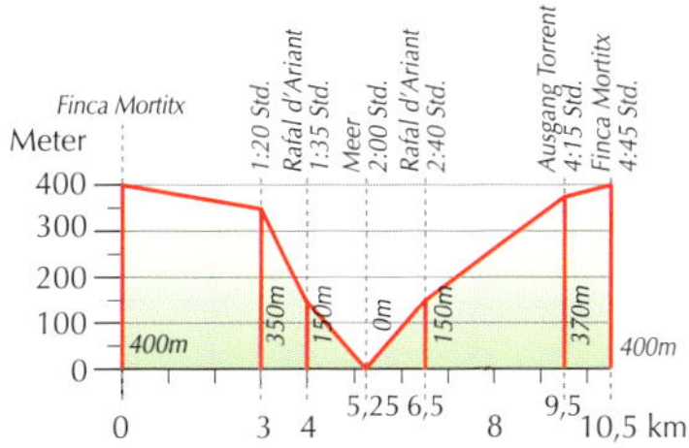

▶ **Ausgangs- und Endpunkt:** Die Einfahrt zur Finca Mortitx an der C-710.

▶ **Markierung:** Steinmänner und verschiedenfarbige Markierungen.

▶ **Verkehrsanbindung:** Von Pollença kommend biegt nach dem ersten längeren Anstieg der C-710 kurz vor Kilometer 11 rechts zwischen hohen Mauern die Zufahrt zur Finca Mortitx ab. Hier wenige Parkmöglichkeiten. Keine Anfahrtsmöglichkeit mit öffentlichen Verkehrsmitteln.

▶ **Einkehr:** Keine.

21 Durch das Vall de Bóquer

Küstental für Vogelkundler: Port de Pollença – Finca Bóquer – Coll del Moro – Cala Bóquer – Port de Pollença

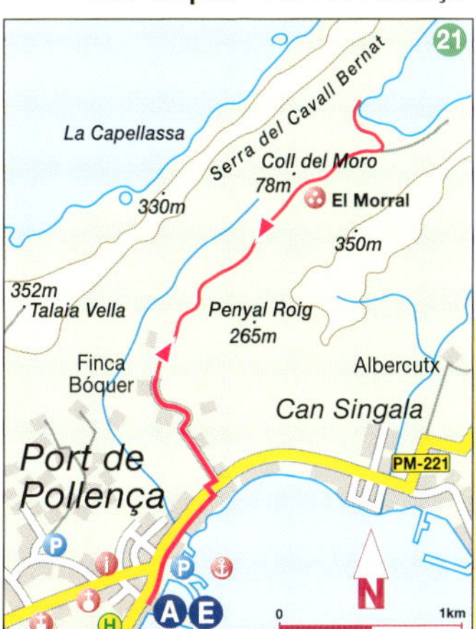

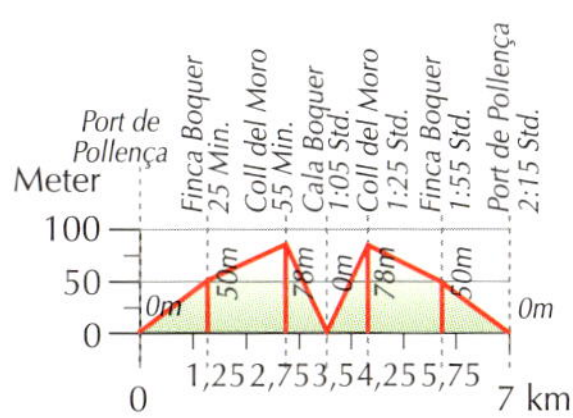

▶ **Ausgangs- und Endpunkt:** Der Hafen von Port de Pollença bzw. bei Anfahrt mit eigenem Fahrzeug eine Nebenstraße am Fuß der Finca Bóquer.

▶ **Markierung:** Wegweiser.

▶ **Verkehrsanbindung:** Mit dem Auto auf der zum Cap de Formentor ausgeschilderten Straße durch Port de Pollença und nach dem Hotel Oro Playa links in eine breite Erschließungsstraße, die auf die Finca Bóquer zuführt. Nach einer Rechtskurve gute Parkmöglichkeiten direkt am Beginn des Weges zur Finca und in das Vall de Bóquer. Die Bushaltestelle am Hafen, von der Busse in alle Richtungen abgehen.

▶ **Einkehr:** In Port de Pollença.

22 Auf der Formentor-Halbinsel

Stille Bucht und berauschender Aussichtsberg: Parkplatz – Cala En Gossalba – Fumat – Parkplatz

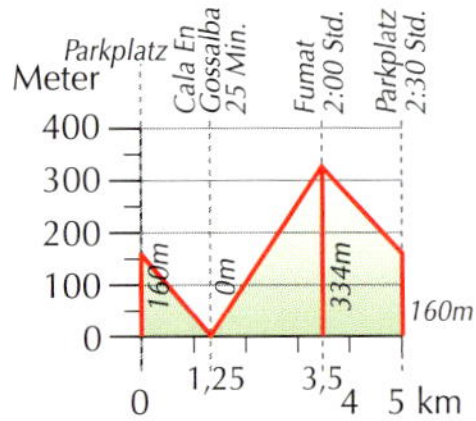

▶ **Ausgangs- und Endpunkt:** Eine Parkbucht an der Straße zum Cap de Formentor.

▶ **Markierung:** Steinmänner und stellenweise Farbmarkierungen.

▶ **Verkehrsanbindung:** Von Port de Pollença auf der zum Cap de Formentor ausgeschilderten PM-221 auf die Halbinsel. Nach ca. 14 km passiert man den Straßentunnel am Fuß des Fumat, fährt aufwärts zu einem Bergkamm und jenseits kurz abwärts zu einer kleinen Parkbucht, die kurz vor Kilometerstein 15 links an der Straße liegt. Nur wenige Parkmöglichkeiten! Keine Anfahrtsmöglichkeit mit öffentlichen Verkehrsmitteln.

▶ **Einkehr:** Keine.

23 Von der Ermita de la Victòria zur Penya Rotja

Zum atemberaubenden Wachposten: Ermita de la Victòria – Puig de Romaní – Penya Rotja – Ermita de la Victòria

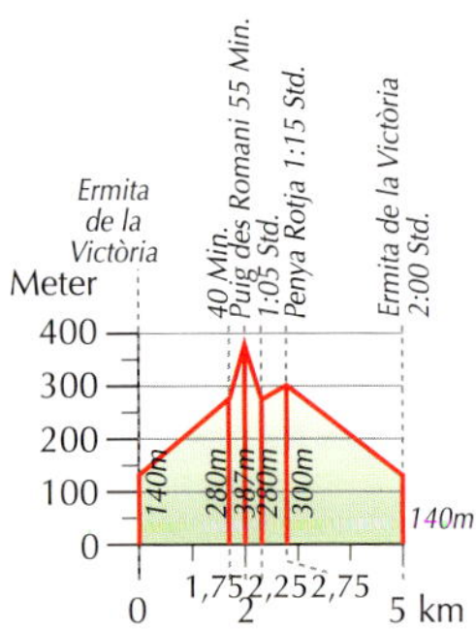

▶ **Ausgangs- und Endpunkt:** Der Parkplatz an der Ermita de la Victòria.

▶ **Markierung:** Wegweiser.

▶ **Verkehrsanbindung:** Mit dem Auto in Alcúdia nach Mal Pas bzw. Bon Aire abbiegen, geradeaus der Beschilderung zur Ermita de la Victòria folgend durch den Ort und auf schmaler Straße hinauf zum Parkplatz am Ende der Straße. Gute Busverbindung aus mehreren Richtungen nach Alcúdia. Von dort mit dem Taxi zum Ausgangspunkt.

▶ **Einkehr:** Am Ausgangspunkt im Restaurant Mirador de la Victòria.

24 Zur Talaia d'Alcúdia

Felsberg und Traumstrand bei Alcúdia: Ermita de la Victòria – Talaia d'Alcúdia – Platja des Coll Baix – Talaia d'Alcúdia – Ermita de la Victòria

- **Ausgangs- und Endpunkt:** Der Parkplatz an der Ermita de la Victòria.
- **Markierung:** Wegweiser.
- **Verkehrsanbindung:** Mit dem Auto in Alcúdia nach Mal Pas bzw. Bon Aire abbiegen, geradeaus der Beschilderung zur Ermita de la Victòria folgend durch den Ort und auf schmaler Straße hinauf zum Parkplatz am Ende der Straße. Gute Busverbindung aus mehreren Richtungen nach Alcúdia. Von dort mit dem Taxi zum Ausgangspunkt.
- **Einkehr:** Am Ausgangspunkt im Restaurant Mirador de la Victòria.

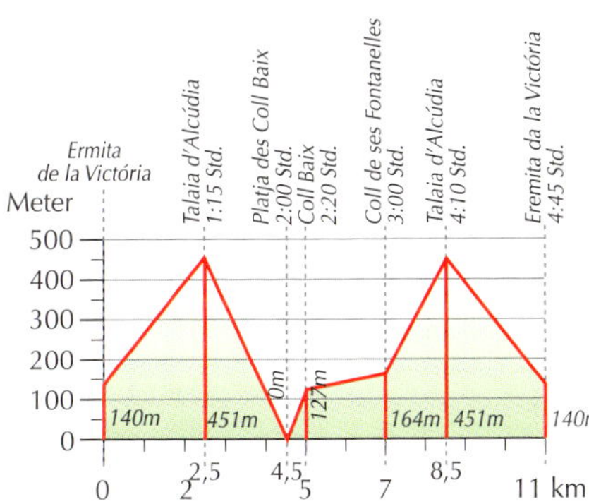

25 Zur Ermita de Betlem

Kloster in Traumlage: Betlem – Ermita de Betlem – Mirador – Ermita de Betlem – Betlem

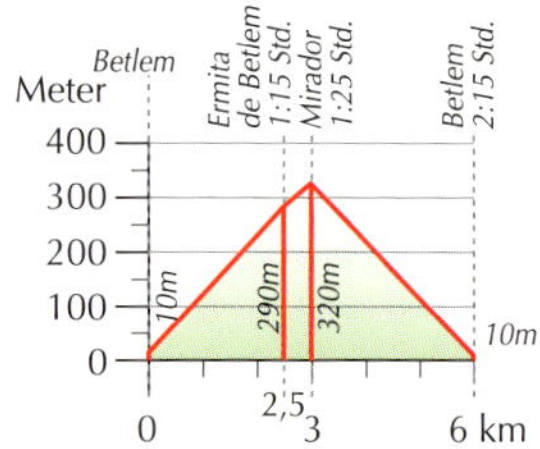

▶ **Ausgangs- und Endpunkt:** Die Küstenstraße westlich der Ansiedlung Betlem.

▶ **Markierung:** Wegweiser und Farbmarkierungen.

▶ **Verkehrsanbindung:** Mit dem Auto biegt man von der C-712, die von Artà nach Alcúdia führt, westlich von Artà auf die nach Colonia de Sant Pere ausgeschilderte Straße. Kurz vor Colonia de Sant Pere geradeaus auf die nach Betlem ausgeschilderte Nebenstraße und nach 3 km kurz vor Betlem am beschilderten Beginn der Wanderung parken. Keine Anfahrtsmöglichkeit mit öffentlichen Verkehrsmitteln.

▶ **Einkehr:** Keine.

26 Von der Ermita Betlem zum Puig de Ferrutx

Mächtiges Felsriff über der Küstenebene: Ermita de Betlem – Puig d'en Xoroi – Coll d'en Pelat – Puig de Ferrutx – Ermita de Betlem

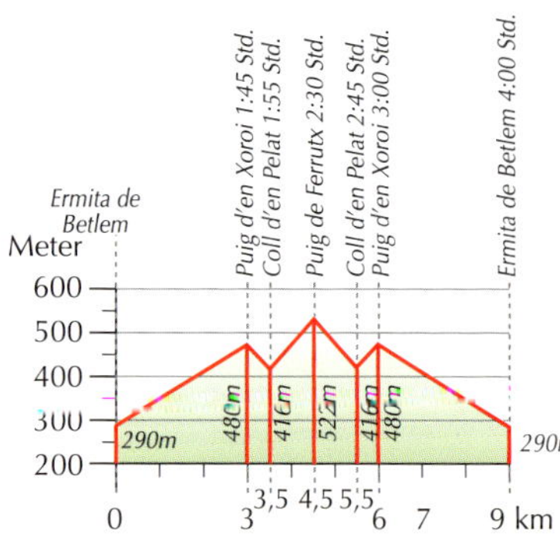

▶ **Ausgangs- und Endpunkt:** Die Ermita de Betlem.

▶ **Markierung:** Steinmänner.

▶ **Verkehrsanbindung:** An der Durchgangsstraße im Zentrum von Artà biegt man in die zur Ermita de Betlem ausgeschilderte Nebenstraße und folgt den Wegweisern aus der Stadt. Auf der Straße ca. 5 km durch ein flaches Tal und dann in Kehren aufwärts zur Ermita de Betlem. Keine Anfahrtsmöglichkeit mit öffentlichen Verkehrsmitteln.

▶ **Einkehr:** Keine.

27 Zur Talaia de Moreia

Einsamer Wachposten über dem Cap Ferrutx: Parkplatz – Sa Talaia – Talaia de Moreia – Sa Talaia – Parkplatz

▶ **Ausgangs- und Endpunkt:** Der Parkplatz unterhalb des Sendeturms am Puig de Sa Tudossa.

▶ **Markierung:** Steinmänner.

▶ **Verkehrsanbindung:** Mit dem Auto im Ortszentrum von Artà auf die zur Ermita de Betlem ausgeschilderte Nebenstraße und den Wegweisern folgend aus der Stadt. Nach knapp 5 km biegen wir am Beginn eines Anstieges rechts in ein schmales Sträßchen (Wegweiser Aubarca i Es Verger). Bald durch das Tor der öffentlichen Finca S'Alqueria und an der folgenden Weggabelung geradeaus. Nun auf teils sehr schlechter Straße über einen Sattel und weiter zu einem Parkplatz am Beginn des Schlussanstiegs zum Funkturm auf dem Puig de Sa Tudossa, den wir ca. 5 km nach dem Abzweig von der Betlem-Straße erreichen. Keine Anfahrtsmöglichkeit mit öffentlichen Verkehrsmitteln.

▶ **Einkehr:** Keine.

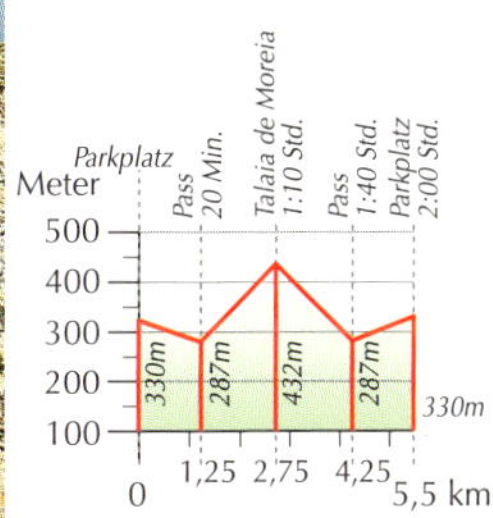

28 Am Torre d'Albarca

Wachturm über einsamen Stränden: Cala Estreta – Torre d'Albarca – Cala Font Celada – Torre d'Albarca – Cala Estreta

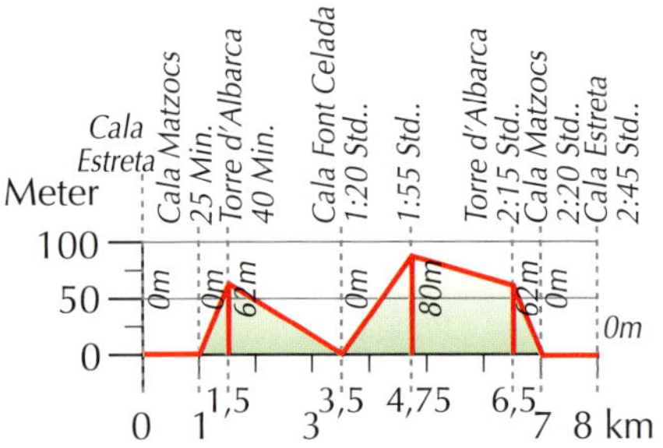

▶ **Ausgangs- und Endpunkt:** Die breite Straße an der Cala Estreta.

▶ **Markierung:** Steinmänner und teils Farbmarkierungen.

▶ **Verkehrsanbindung:** Mit dem Auto von Artà auf der C-715 Richtung Capdepera und Cala Ratjada und am Ortsende von Artà links in das zur Cala Torta ausgeschilderte Teersträßchen. Auf ihm über den Coll des Racó zum Coll Paret, dann geradeaus abwärts Richtung Meer zu einer Straßengabelung. Hier nicht rechts zur Cala Torta, sondern geradeaus zur Gabelung an einem großen, baumbestandenen Platz. Auf schlechter Straße rechts abwärts zum Meer und dann auf breiter Straße kurz an der Küste entlang, bis die Straße an der Cala Estreta wieder ins Landesinnere ansteigt. Hier beginnt der Weg zum Torre d'Albarca. Keine öffentlichen Verkehrsmittel zum Ausgangspunkt.

▶ **Einkehr:** Keine.

29 Am Cap de ses Salines

An der einsamen Südspitze von Mallorca: Cap de ses Salines – Cala Màrmols – Cap de ses Salines

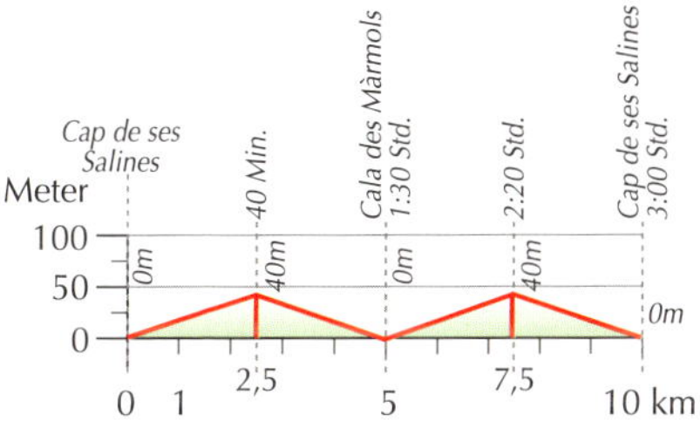

- **Ausgangs- und Endpunkt:** Der Leuchtturm am Cap de ses Salines.
- **Markierung:** Steinmänner.
- **Verkehrsanbindung:** Mit dem Auto der PM-610 folgen, die Santanyí mit Colònia de Sant Jordí verbindet. Zwischen Ses Salines und Es Llombards zweigt die zum Cap de ses Salines ausgeschilderte PM-611 nach Süden ab und führt bis zum Leuchtturm am Cap de ses Salines. Keine Anfahrtsmöglichkeit mit öffentlichen Verkehrsmitteln.
- **Einkehr:** Keine.

30 Von Cala Pi zum Cap Blanc

Steile Klippen und schmale Traumbuchten: Cala Pi – Cala Beltrán – Cap Blanc – Cala Pi

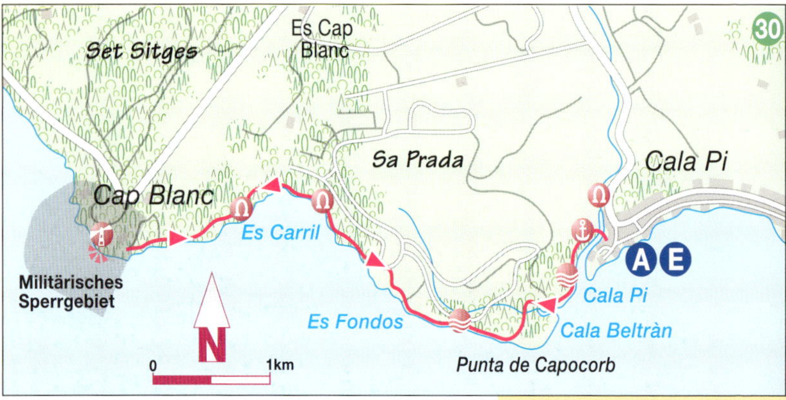

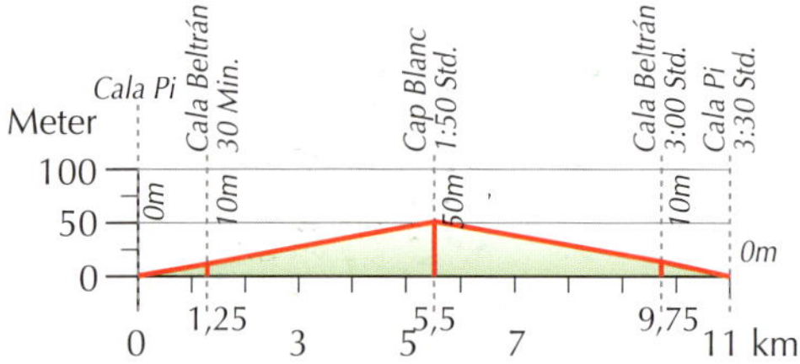

► **Ausgangs- und Endpunkt:** Der Ferienort Cala Pi.

► **Markierung:** Steinmänner.

► **Verkehrsanbindung:** Mit dem Auto an der südlichen Ortsumfahrung von Llucmajor in die nach Cala Pi und zum Cap Blanc ausgeschilderte Straße und der Beschilderung folgend nach Cala Pi. Parkmöglichkeiten im Ort. Busverbindung von Llucmajor bzw. Palma nach Cala Pi.

► **Einkehr:** In Cala Pi.